I0706493

MEDUIM

1

1			6	9			2	7
		7		3	5			
		2				8		
	5		7		6			
		4				6		
		8		1		4		
		9			4			
			5	2		1		
6	2				3	7		8

3

4	6		1			8		
			7			1		6
			5	3			9	
	8				3	4	7	
	2	6	9				8	
	4			2	5			
9		5			8			
		2			9		6	3

2

		4					3	
			9			5		
6	2		8			9		1
7		9			4			
8			1		3			2
			6			3		7
2		3			8		5	4
		1			5			
	4					2		

4

	8				5			
	5						1	9
2			9		1	5		4
		8		3	6	2		
		9	8	1		7		
3		2	7		4			8
5	4						7	
			3				6	

MEDUIM

Puzzle 5

	6	3	8				4	
9				3				
1		4	5		7			2
			6					
2		1				5		8
				4				
6			2		8	3		7
				1				6
	5				9	8	2	

Puzzle 7

1		4					9	
				5				7
7			2	9		3		
				4			8	3
	4	2				7	6	
3	6			5				
		6		1	9			4
5			4					
	8					1		9

Puzzle 6

3			5			8		4
		8		1	4			
9	7				3		5	1
5	9					6	2	3
			6		2			
4	6	2					1	8
8	4		1				7	2
			9	4		1		
7		5			8			6

Puzzle 8

	9	3		2	4			6
			5				3	2
	4			8		7		5
			2			1		3
	3	2	1		6	5	8	
9		1			3			
3		4		1			5	
8	2				5			
6			9	7		3	2	

MEDUIM

9

2	8					3	7	
			4	5	8			
		1				8		
	1	9	5		4	7	6	
		5				1		
	2	7	3		6	4	9	
		2				3		
			7	6	2			
9	7						8	4

11

		1			9			
8			7	3			1	5
			4					2
7	9		1		3			
	3						7	
			5		4		6	9
1				5				
4	5			8	6			3
			2			8		

10

3			1					
	1	7	4			8	6	
4	5						7	2
		5	7	9		4	2	
	4			1			5	
	8	2		4	5	3		
6	3						9	5
		4	9		1	2	6	
				6				1

12

			6				4	3
				4			2	8
		4		2		5		9
8			3					
2	4						7	6
					7			5
9		8		6		1		
1	6		5					
4	7				8			

MEDUIM

13

4	2				5		7	
	8	5	4				3	
				7		4		
8			9					3
		7	5		4	1		
6					3			2
		1		5				
	6				2	3	1	
	4		1				9	7

15

	8	2			3			
				5			9	
	7		6			5		8
2		4			1			
	1		4		7		8	
			2			6		1
3		5			9		7	
	6			7				
			5			4	2	

14

	1		3			4		8
	8		6	9	1			5
						9		
					9	6		7
			8		3			
4		2	5					
		6						
9			4	5	2		3	
2		3			7		8	

16

	4				5		2	9
				9		5	4	
		1					6	
8			6	2				
6			5		1			8
				7	9			3
	1					4		
	3	7		5				
2	8		3				9	

MEDUIM

17

	9		1		4			
	8	5	3	7				
7		2			6	4		5
	6						5	3
2		4	5		1	9		6
8	5					4		
9		1	7			8		2
				6	8	3	1	
			9		3		7	

19

				9				
7	5	3			6			
8							1	7
4		5	6	8		7		
	8						6	
		9		5	7	1		8
1	6							3
			4			5	7	2
			3					

18

		2		9		5		
	4	5				9	2	
		8	2		6	7		
2			1		5			9
6			4		3			7
		6	8		1	2		
	9	1				4	3	
		3		4		6		

20

	2			7			5	
9		6		2		7		3
			9		4			
4	1						9	6
		2				4		
8	7						1	5
			7		1			
2		3		4			1	8
	6			9			3	

MEDUIM

21

		2	4		7			3
			1					7
	8	9			2			
		6		8		9	5	
			9		6			
	4	7		1		3		
			3			2	6	
5					1			
6			8		4	7		

23

	4	2		6	7			8
			9				1	4
	5			2		6		7
			1			7		5
	1	5	2		9	3	8	
2		3			6			
4		1		9			7	
9	7				2			
5			7	3			9	6

22

	3					7		6
			4					
	7		1	2	6		4	
7			6			1		
4	1		7		2		6	5
		8			9			7
	4		8	3	7		5	
					5			
6		7					9	

24

		1	5		8	3		
	3				2	9	7	
9	4			6				5
1	7			8				4
		3	6		4	8		
4				3			5	7
6				4			2	8
	2	4	9				1	
		5	8		7	4		

25

		6	1		2	8		
	1			5		2	7	
4	2	9				3		1
1			5		8			7
	9			6			1	
5			2		1			4
6		7				4	2	3
	3	5		7			9	
		1	8		3	7		

27

					1		4	6
3			7		5	2		
						3	7	
8				1				9
	4	2				1	8	
9				2				4
	7	9						
		1	8		9			5
4	3			6				

26

	6	1	9			2	4	
2				6				8
	7	8		3		5		
	4				2	9	1	3
			4		3			
7	9	3	5				2	
		5		8		4	9	
9				2				6
	1	7			9	3	5	

28

	9				4	5		
4	2			7	5			9
8					3	1		
	1					8		
	8						3	
		4					2	
	7	3						4
5			2	4			1	6
		2	9				8	

MEDUIM

29

	7		1			6	8	
9	8			4				
		6	3				2	
7				9				
		9	8		4	5		
			6					1
	4				3	1		
			2				5	4
	2	3			1		7	

30

	6							
	1	7			4		8	
		2	5		3	7		1
		6	3	2				
7								9
				7	9	8		
5		9	6		8	4		
	4		1			6	5	
							7	

31

4		7		5			8	1
2						3		
	9		8					7
			9		3	5		
7				8				2
		1	6		4			
3					8		2	
		6						4
8	4			9		6		5

32

		9		8	6		5	
		6		9	7		1	
3				2				4
		7					2	
		2				6		
	5					7		
6				3				1
	9		8	4		5		
	3		6	1		2		

MEDUIM

33

	2			7			5	
9		6		2		7		3
			9		4			
4	1						9	6
		2				4		
8	7						1	5
			7		1			
2		3		4		1		8
	6			9			3	

35

						7	6	3
4				8			5	9
	1					2		8
			8					4
		8	4		5	1		
6					1			
2		5					6	
7	4			9				2
	3	9	6					

34

			1					6
	3			4			7	9
		2		7		5		
6	4				8	3		
			7		1			
		1	3				5	2
		7		2		9		
9	1			8			3	
2					6			

36

		4		3		2		
7		2				8		3
8			9		7			6
	6			3		2		4
		9				1		
	7		5		9		2	
9			8		4			1
1		8				5		2
		7		6		9		

MEDUIM

37

	5			7	8			9
	3			2			1	4
					3			7
	9		2	3				
6	2						9	3
			9	7		4		
1		5						
9	8			4			6	
2			7	5			8	

39

	1			8	9			2
	7			6			3	4
						8		7
	5		2	7				
7	3						6	9
			9	6		2		
8		5						
3	4			1			9	
6			8	2			4	

38

				6			9	1
2			9		4	5		
						4	7	
6				8				7
	9	2				1	8	
8				6				4
	1	5						
		3	4		7			8
7	8		3					

40

				2			3	6
8		3		7			4	
9		7	1					
7							9	
	3		5		6		8	
	9							1
					1	8		5
	5			6			9	4
2	8		7					

MEDUIM

41

8			3				6	5
	5	7			2	9		
9				7				
	1	9		3				8
7								3
4				8		5	2	
				6				1
		5	4			2	3	
6	4				1			

43

	7	5						
8			5			9	3	
		3	9				2	
	1			5				7
	8		3		4		9	
4				1			6	
	9			7	4			
	2	4			3			6
						2	8	

42

5		7						8
6	8				4		1	
2	4			5	6	3		
	7			9	3			2
		4	1		2	8		
9			7	6			4	
	9	6	2				5	3
	2		6				8	4
8						2		6

44

		9	7					
		2		1	9			
		6				8	9	2
	4		1		5			6
	5						4	
3			4		6		7	
7	9	3				6		
			2	3		5		
					8	7		

MEDUIM

45

3			2		9			8
			5			7		
	9			8				
7				5			3	9
		5	9		6	8		
1	6			3				4
				7			8	
		4			1			
8			4		2			6

47

7			2					
	2			1	3			7
	1	4		7		5		9
						3	1	
			6		5			
	8	2						
5		1		3		9	8	
6			1	4			5	
					8			3

46

	3						9	
1			2	3	7			6
		8				3		
9		5	7		2	8		3
			6		3			
3		2	4		9	7		5
		1				6		
7			8	9	6			1
	9						4	

48

		4				9		
			1		6			
9	3		2		7		1	8
	8		6		2		5	
		2				3		
	5		9		4		7	
5	2		8		3		4	9
			4		1			
		6				5		

MEDUIM

49

9			4				2	7
								8
		7			1	3		4
				5	8	1		
1		4	3		6	9		5
	7	5	1					
7		2	9			6		
3								
8	1				4			2

51

4	2		9			3		
			5			9		
			3	4				7
	4				2	5		8
	1	7	6					3
	6			7	8			
1		3			5			
		4			9			2

50

		5	3		9	2		
	3				8	1	6	
8	2			1				3
6	1			5				8
		3	2		4	6		
4				9			3	5
7				3			5	6
	4	8	9				7	
		6	8		1	9		

52

		7						8
			7			2		
2	5		4			6		
8		2			1			
9			5		6			
			8			4		
7		5			2			6
		1			7			
	9					3		

MEDUIM

53

		3	9		8			
							3	7
					7	2		
6	2			4		8	1	
5	4						7	2
	3	8		9			5	6
		1	6					
9	7							
			3		5	9		

55

	8		6		9	3		
		2		7	4	8		6
7	3					1		
2	9		7		6			1
	7			9			6	
5			4		3		8	9
	2						4	3
6		3	9	4		1		
		7	5		8		9	

54

		2				6		
			9		1			
5	9		8		6		4	1
	3		6		5		2	
		6				8		
	5		1		7		6	
3	1		5		8		7	9
			7		4			
		7				3		

56

5	6		1		2			
		4			5		2	
					3		6	
2				1		8		
7	1						3	6
		8		9				5
	9		6					
	4		8			9		
			2		9		7	1

MEDUIM

57

		3		9		2		
2		6				4		7
9			2		4			6
	3		5		8		4	
		7				5		
	2		4		1		7	
3			6		2			9
5		1				8		4
		2		4		3		

59

		9		4		5		
8								7
	6		8		1		4	
4	3						2	5
			3		5			
2	9						3	6
	1		7		9		8	
6								9
		7		1		3		

58

1		5					6	2
8	2				5	7	4	
	9			7	8			3
	4	8	6		7			
		6		1		4		
			5		4	6	3	
4			7	2			8	
	8	7	9				1	6
2	3					9		4

60

7				8				1
		9	6		3	8		
		3				5		
	4	5				9	2	
			5		6			
	3	2				1	7	
		6				7		
		8	1		9	3		
5				7				4

MEDUIM

61

	2		7	1			9	6
	8	1						
			4		2			5
	6				7			3
	1						5	
2			9				6	
5			3		4			
						7	3	
1	3			2	8		4	

62

				3	2		7	
3	9				7		8	
		8			5	4		
6	1	2						
9				6				4
						6	1	8
		3	9			5		
	5		7				2	1
	6		5	2				

63

				3			1	2
		9		2		8		4
	3				1			5
			3	9		1		
5								6
		8		5	4			
2			9				7	
6		3		7		4		
9	8			6				

64

		9				2		
2	1						7	6
	8		7		1		5	
5			8		6			7
			5		3			
1			2		4			8
	5		9		7		2	
3	4						9	5
		8				1		

MEDUIM

65

		3		7		1		
	8						4	
		9	5		8	6		
6			8		9			3
			6		7			
2			1		3			5
		6	3		2	4		
	9						7	
		5		9		8		

67

	6		7			8	9	
9	4			5				
		3	4				6	
4				7				
		8	1		6	3		
			9					8
	2				4	9		
			1				2	5
	3	5			9		7	

66

	1		8		4		2	
2			9		1			3
		9				7		
5			4		7			8
8				6				2
1			2		3			7
		4				3		
9			3		5			6
	7		1		6		5	

68

7								1
	9	1		7		5	2	
			1		2			
	8		2		3		9	
	1						8	
	6		9		4		3	
			8		7			
	7	6		3		9	4	
4								8

MEDUIM

69

		1	6			8		
	5			7	9		4	
3		2			1	5		7
	3	7		8				4
	8		4		7		5	
5				9		2	7	
6		5	2			9		3
	2		9	3			1	
		3			8	4		

71

7				9		4		
		6	1				3	7
			7					
	1	8		7				5
	5		4		2		7	
3				8		9	2	
					9			
5	9				8	6		
		3		5				8

70

			3				1	8
				5			6	9
		6		8		7		5
2			9					
6	5						3	4
					7			1
8		2		3		1		
5	3		6					
7	4				9			

72

5	4						3	8
3	6		8		4			7
			3	5	9			
			5	2			8	9
	2	5				3	6	
1	9		3	4				
		2	5	8				
9			6		7		1	3
8	3						7	5

MEDUIM

73

	4	3			5			
8			4				2	3
1				7	6			
		1			8	4		
			1		3			
	5	9				1		
		8	2					9
3	6				1			8
			3			7	6	

75

	7							
	1	4			5		8	
		3	6		4	9		1
		5	7	2				
6								2
				9	6	5		
4		1	8		7	3		
	3		5			8	9	
							4	

74

3	1		6			9		
			7			2		4
			5	1			6	
	9				1	5	8	
	8	7	9				4	
	4			5	6			
2		3			8			
		5			3		9	8

75

	1	4			8			
3			9				8	7
8					6	5		
		6				3	1	
			2		4			
	7	9				2		
		8	7					4
6	4				5			3
			8			7	5	

MEDUIM

76

7	6							
		8		1			2	5
				4	6			1
			4	9	8		7	
	8						5	
	3		1	5	2			
4			8	3				
2	9			6		5		
							9	4

78

3			9				8	2
	9	8			2	3		
4				7				
	8	2		3				7
6								1
9				8		4	5	
				5				4
		7	1			9	6	
1	5				7			

77

	1						2	
5			7	3	4			8
		8				3		
2		6	4		7	9		1
			8		2			
4		1	9		3	2		5
		3				8		
9			3	8	5			2
	5						4	

79

	3	2					4	
8			5		2			9
			6				3	2
5					1			
	4	9		6		5	8	
			9					6
3	8				9			
2			7		8			3
	1					9	7	

MEDUIM

80

7	1		9		2			
		5			4		9	
					1		8	
9				5		6		
3	7						2	4
		1		4				7
	6		3					
	3		8			2		
			4		9		7	5

83

	6		5		2			
	5	2	1	8				
9		1			6	5		8
	8						5	2
6		3	9		5	1		4
1	7					3		
5		8	2			6		3
			6	4	2	1		
			3		9		4	

81

	5	8				6		
4			8		2			1
			1				7	8
3					4			
	6	4		3		7	8	
			5					9
5	1				7			
2			6		8			3
	9					6	2	

84

4				3				2
					1			
8	1		6	9			7	
							2	5
7	9		1		4		8	3
6	2							
		8			6	3	1	9
			2					
2				5				6

MEDUIM

85

3			9				8	2
	9	8			2	3		
4				7				
	8	2		3				7
6								1
9				8		4	5	
				5				4
		7	1			9	6	
1	5				7			

87

		2			3			
	7		5	6				9
9	3	5	1					
				1		6		
4	6						5	2
		7		2				
					6	3	4	1
3				9	7		6	
			8			7		

86

					5	2		
				2			3	
8	7		1		3		5	
	4	1	8					5
7								2
5				1	6	3		
	2		5		4		7	8
		6		8				
		7	9					

88

6				3			2	
8	4	3					9	1
			4					
			8		1	2		
9	2						7	4
		5	2		4			
				3				
2	5					3	1	6
	7			4				2

MEDUIM

89

4		8						5
9	5				7		3	
3	1				8	2	6	
	8			7	4			2
		4	3		5	6		
7			2	6			4	
	4	3	7				8	6
	7		6				2	1
1						5		3

91

	7	3			2			
6			5				3	4
4					1	8		
		5				3	1	
			1		9			
	9	4				6		
		2	4					3
7	3				8			6
			9			7	5	

90

			6	1		5		4
3			8					9
	1				9		7	
			9	8			1	2
1	9			4	3			
	7		5				4	
8					1			6
5		3		2	6			

92

				3	5			
3	8					2		
		5	2					6
9				2			1	8
	4						5	
1	6		8					7
4				3	7			
		8					3	1
			6	1				

MEDUIM

93

2		8	4					6
3					2			1
	9				7		5	
	6	9				1		
			5	8	6			
		2				6	3	
	2		6				4	
5			2					7
6					3	2		8

95

	6	8	1		2			
	2		4				8	1
		5			6	2		4
6		9	2		3		5	8
5	1		8		9	4		7
3		2	6			8		
8	9				7		4	
			9		8	3	1	

94

1					3			7
	5	7				9	2	
2					9			
		5	6		4			
			9	3	1			
			7		5	8		
			1					6
	2	8				5	7	
3			8					4

96

4	5		7	9		3		6
2	6				4			5
		8			2		1	
9	4			8		1	5	
	8	5		1			4	2
	9		3			2		
8			4				7	1
1		7		6	5		3	9

MEDUIM

97

6				1				8
3		5				4		9
			7		9			
4			8		7			2
	8						1	
7			3		1			6
			4		5			
9		2				5		4
1				2				3

99

	5			2				
	2	4	3		9			1
						9	2	
		5			3		7	8
			1		2			
6	3		8			4		
	8	9						
7			9		5	1	8	
			7				4	

98

	3					1	5	
		4	3					9
8					4		6	7
2				7	5			
		7				6		
			2	6				1
1	9			5				3
4					8	9		
	8	2					7	

100

	3					5	6	
		7	2					9
5				4			3	2
6				7	2			
		3				8		
			3	8				1
2	8		6					3
9					5	2		
	1	4					5	

HARD

101

		6				1	5	
3				2	8			
7			1					8
	1		3		9	2		
	3			5			6	
		9	7		4		3	
1					5			9
			2	8				4
	6	4				5		

103

				8			1	9
		9		2		7		5
	6				4			8
			1	9		3		
2								7
		3		4	7			
4			8				5	
5		1		7		6		
9	2			6				

102

					8		1	
2				3		5		
	6	9	4	7		8		
4						6		
	9	3		8		4	5	
		6						7
		2		4	1	3	9	
		8		2				5
	3		7					

104

		5				7	8	
3				7	9			
7			3					6
	1		7		6	5		
	8			2			6	
		4	9		8		1	
2				7				4
			1	8				9
	5	9			2			

HARD

105

	3	9	5		6			
	5				4			
8				3				1
4		5					2	
	1		8		4		7	
	7				3		6	
3				2				5
		7					1	
			9		1	8	3	

107

						1	2	
				2		6		
7	3		6		8		9	
	5	3	1					9
4								6
6					4	5	2	
	2		3		9		6	5
	7		1					
	1	2						

106

		3			6			
	6					4		
8			7	6				5
4	9		1	5		7	6	
			2	7				
1	7		6	9		8	3	
3			5	4			2	
	2				9			
		6		4				

108

			2		5	1		
1			5		8		3	
					6		7	
				5	8			
4	8	7		3		9	5	2
		2	4					
9		8						
	4		8		2			9
	7	6			3			

HARD

109

	7						6	3
	4		8	9	3			1
				1				
4					1		8	
8	3						1	2
	6		9					5
				2				
9			6	5	4		7	
6	8						3	

111

		6				2		
5	4						9	6
	9	2				7	1	
	2		8		7		5	
			2	6	1			
	7		4		9		3	
	5	3				1	8	
2	1						6	9
		8				5		

110

1			4				2	
	2					8		
		9		7				
7	3				1	4	6	
	9	2				5	3	
	1	4	5				7	9
				6		7		
		7					1	
	5				7			3

112

	1	6					5	
3			5		4			7
			2				8	9
7					1			
	2	8		4		5	3	
			9					8
8	4				6			
1			4		5			6
	7					3	9	

HARD

113

	2	4		3				
					5	9		2
	7		1					3
	6			4		8		
4			9		6			5
		7		8			1	
6					3		5	
2		1	6					
				5		2	9	

115

	4						6	
6			4	3	5			2
		9	1		6	8		
4								8
		6	9	2	7	4		
7								6
		3	6		1	2		
2			7	5	9			1
	7						4	

114

3				9		6		
2			5		3			
	9						4	
8		3		1	6			
	7						6	
			4	5		1		8
	4						2	
			1		2			6
		8		6				7

116

3		9			2	1		
	2				5		6	4
				7			3	8
		1						6
	4		9		7		1	
5						4		
6	5			9				
9	8		2				4	
		4	7			8		2

HARD

117

		4	3					1
	3			9				8
1	6		5					
		1	2		5		3	
	8						5	
	7		4		8	6		
					6		2	5
7				5			8	
5					2	9		

119

		1	9					8
	9			7				6
4	2		6					
		3	1		5		8	
	5						3	
	8		7		4	2		
					7		9	4
3				6			7	
9					8	1		

118

3	2				9			
		7	5	3		6		
9							3	
1						3	9	5
			1		7			
6	4	9						8
	5							2
		6		8	2	7		
			7				8	3

120

3			5					
		6		1			3	
8			2		4	9		
	3		8		2			
1		7				2		5
			6		1		9	
		9	3		8			7
	2			6		8		
					5			4

HARD

121

	7					9	1	8
4								
		9	2					6
7	3				6	9		
		2	1		4	8		
		5	3				7	4
3					5	2		
								1
	5	1	4				6	

123

3	6		7				2	
	9		5	6				1
		8						
	2					4		
7			3		4			2
		6					9	
					9			
9				1	2		3	
	3				8		5	6

122

1		8					7	
				3				4
4			7	1		9		
				2			8	5
	3	1				6	9	
7	8			3				
		7		6	5			9
5			9					
	2					8		6

124

	6		2		7			
	9	1	5	8				
2		8			9	6		3
	2						9	6
7		6	1		5	3		2
9	8						4	
4		2	7			8		9
				2	3	5	7	
			9		4		3	

HARD

125

7	1		9			6		
			7			2		9
			2	4			1	
	4				6	9	8	
	6	5	8				2	
	5			8	9			
6			1			3		
		9				7	4	3

127

						4		
	6	7		2			9	
3		4	5			6	8	
				9		8		
	1		7	3	2		5	
		9		5				
	8	2			1	5		7
	7			6			2	4
		5						

126

		2				7	8	
8			2		4			6
					6	4		5
6			9				5	7
				4				
3	7				2			4
2		3	6					
9			1		3			8
	8	1				3		

128

6				4				9
	1	4	6				7	
				5	3		6	
		1					4	
7		3				8		2
	9					6		
	7		5	3				
	8				7	5	2	
3				2				1

HARD

157

9		1		5			7	8
2					4			
	4		3					6
		6		7	5			
5				4				2
	9	5		3				
4					1		9	
	3							4
6	9			7		1		3

159

4			9				5	3
	3	8			2	7		
7				6				
	2	4		5				1
9								6
1				3		4	7	
				2				7
		5	3			8	1	
2	9				7			

158

	6				5	2	1	
1								
		4	3					7
3	9				2	7		
		2	9		8	4		
		7	5				9	2
4					1	8		
								6
	8	5	7				2	

160

				1			8	6
4			8	3				
	5				2			
	6	2				7	9	
3		7				1		5
	9	5				2	4	
			6				3	
				5	3			2
7	3			9				

HARD

133

			6				1	7
				1			9	4
		3		2		8		6
3			2					
8	4						3	1
				4				5
1		9		6		7		
5	2		4					
7	6			2				

135

5				2			3	
	2	6		3		5		
1			4		8		6	9
3	7	4			5	8		
			1		9			
		1	3			7	2	5
2	8		7		3			6
		9		4		3	7	
	4			1				2

134

4	6		1	2		7		5
3	5				7			2
		2			3		6	
8	1			7		5	9	
	3	4		8			1	6
	4		7			8		
6			4				5	9
9		1		5	2		7	4

136

			1	2				
5	4	7	6	8			2	9
		1				8		6
		5		6			9	
4	6		3		8		1	7
	9			7		2		
6		8				9		
2	1			4	6	7	8	3
				1	9			

HARD

137

	7	1			4			
6			8				9	2
8					5	7		
		2				3	1	
			7		3			
	3	5				2		
		6	3					1
1	4				2			8
			9			6	5	

139

		4	6					3
	9			7				2
6	2		3					
		9	7		4		8	
	8						1	
	6		5		2	3		
					1		3	7
1				5			2	
8						3	5	

138

	9			4				
	7						3	6
3		4	6	7				9
	4				5			
2			4		8			1
		8					2	
7				2	9	6		5
1	2						7	
				6			1	

140

		6	9					8
	3			2				6
5	2		4					
		8	7		4		6	
	7						4	
	5		8		3	1		
					5		8	7
4				7			1	
9					8	3		

HARD

141

8	5			6	3			
2		6	8					
			5		1			
					6			1
	4		5	1	8		3	
7		1						
		4		3				
				2	5			9
			4	9			7	2

143

	9			2	6			8
	2			1			6	5
						4		2
	5		9	8				
3	6						7	1
			6	1		4		
9		1						
7	4			3			8	
6			5	4			9	

142

		7		2				9
	8		4		3			
		5						1
				1		9		
9			7		2			4
	3		6					
7					2			
			1		8		6	
5				3		8		

144

				4	2			
5	7					3		
		3	6					4
2				1			9	7
	4						6	
9	1		8					2
6					4	1		
		8					4	5
			2	9				

HARD

145

				6	2		3	
4	9				8		7	
		3			4	2		
6	1	9						
5				4				3
					1	6	7	
		1	6			5		
	3		4				8	6
	8		2	7				

147

		3		5		8		
9		5				7		4
4			7		9			1
	9		5		7		8	
		4				1		
	8		6		3		4	
5			8		2			9
2		9				4		8
		6		7		5		

146

	4				5	7	2	
2								
		3	7					6
9	6				2	8		
		1	5		4	2		
		8	9				3	1
8					6	3		
								5
	7	6	3				1	

148

				8			9	2
		1		4		8		7
	6				2			3
		2	9		7			
5								8
	7			6	4			
8			6				7	
1		9		2		4		
3	7			5				

HARD

149

		2				1		
6	3						9	7
	7		5		6		4	
1			4		9			5
			6		3			
7			2		8			3
	9		3		5		7	
3	4						6	2
		8				9		

151

	1		4	6	5			9
						8		
2		9				4		
			8	4				7
	2		6		7		3	
5				9	3			
		2				6		8
		5						
9			7	1	8		4	

150

		4				2		
	1	6				7	4	
5	2						3	1
	7		8		4		1	
			3	6	1			
	6		5		7		9	
6	8						2	3
	9	5				4	6	
		3				5		

152

3				5				9
		2			7			
5	8						3	1
2	9		8		6		1	4
4	3		5		2		9	8
6	1						4	7
		4				3		
7				4				6

HARD

153

		5					3	
			3			4		
6	3			2			8	
7		2			5			
8			1		7			9
			8			1		4
3		1			9		4	6
		6			1			
	7					5		

155

4				1		7		
		6	3				1	4
			7					
	3	5		4				2
	7		6		1		8	
8				3		5	6	
					5			
5	9				8	3		
		8		7				9

154

		6				3	7	
1				3	7			
8			6					1
	5		2		3	9		
	2			6			5	
		7	5		4		6	
7					5			4
			4	2				9
	8	9				5		

156

3				4				1
8	7						4	2
		9				8		
		1	9		3	6		
	6						7	
		3	1		2	4		
		4				5		
5	3						9	7
6				8				4

HARD

161

9		1	3					2
7					5			4
	5				6		3	
	3	2				9		
			9	3	1			
		6				1	7	
	8		7				4	
2			6					8
3					8	2		7

164

4		2				9		3
	6						4	
3			7		4			1
	7	6	2		9	4	5	
	8	3	4		5	1	2	
7			1		6			5
	3						8	
5		8				7		6

163

1		3				5		9
		7		9		2		
2	9						6	1
4			1		7			3
8			6		5			7
5	8						2	4
		1		4		7		
3		4				9		5

165

1		6	5					3
	2	7				9		4
			9					
7				4	2			
	6		7	5		3		
	5	8						6
			1					
2		4			6	5		
3				8	1			7

HARD

166

		5	8					
			6	5		2		8
4					7			
		1	7			6	8	
8								4
	9	4			2	7		
			4					3
2		3		7	6			
					1	9		

168

4				3	9			
	6		4					8
			1		2		5	4
	2					5		
5	1						4	7
		4					3	
9	8		2		3			
6				5			2	
			7	6				3

167

6								
	3	9			5			1
	7		1		6			
4				8		2		
5		2	9	3	4	6		7
	1		7					8
			8		3		7	
1			2			4	5	
								9

169

4								
	2	9			6			3
	3		8		2			
3				5		4		
7		2	4	8	3	9		6
	1		2					8
		9		8		5		
1			3			8	6	
								9

HARD

170

	1		9	7	4			
				8	1			9
	4						1	2
	2			6				7
		9			6			
8				2			5	
5	7						6	
1			8	3				
			5	1	7		4	

172

3				7		2		
8			6		4			
	7						9	
7		8		2	1			
	3						5	
			4	3		7		6
	5						6	
			9		5			1
		9		1				4

171

						9		
	8	3		1			4	
1		9	7			2	5	
				9		4		
	4		1	6	5		3	
		8		3				
	1	6			3	5		4
	9			7		1	2	
		2						

173

		5	8			7		
	8			9	3		4	
9		6			7	5		8
	7	2		8				6
	1		2		5		8	
8				4		1	2	
1		7	3			2		4
	3		6	7			1	
		4			1	8		

HARD

174

9			6					
	6			8	3			4
	5	4		2		3		8
					1	4		
			8		4			
	1	7						
8		2		3		4	9	
3			4	5			8	
				8				7

176

3				1		7		
2			5		8			
	4						3	
7		5		4	3			
	9						4	
			9	7		1		5
	1						2	
			3		6			8
		3		8				9

175

		3				2		
7		9				6		8
	6		7		9		3	
			1		8			
	3		4		5		2	
			9		2			
	9		5		6		1	
1		2				3		7
		8				5		

177

9		5					3	
					2			6
3			4	6		1		
				7			2	3
	7	8				9	4	
2	4			1				
		4		9	5			7
5			6					
	9					5		2

HARD

178

8	7		1	9		2		4
2	9				3			6
		5			8		1	
1	5			6		9	4	
	4	6		5			2	3
	3		2			4		
7			6				8	5
5		9		8	7		3	2

180

				1				
8		1	6		7	4		9
	7		3		8		1	
9		5				1		2
1		7			5			3
	6		9		5		4	
5		3	8		4	2		7
				2				

179

		4				2		
9	8						1	4
	1	6				7	8	
	5		9		4		3	
			3	2	8			
	2		6		5		9	
	4	9				3	7	
7	3						6	5
		5				4		

181

		2			8	1	4	
8		5		4				
4			6				5	3
3						4		
	2						6	
		8						7
9	7				6			1
				2		6		4
	8	6	9			3		

HARD

182

184

183

185

HARD

186

	3	6						
4			2			8	5	
		8	1				9	
	7			3				5
	9		7		5		1	
8				9			2	
	8				6	7		
	4	7			9			6
						1	3	

188

		2				5		
8	6						3	4
	3	7				2	9	
	7		2		9		4	
			5	7	6			
	5		8		4		2	
	2	4				3	1	
7	9						5	6
		5			4			

187

					7		5	9
8			1		3	6		
						8	3	
7				4				8
	5	6				2	4	
4				3				5
	6	9						
		7	8		1			2
1	3		9					

189

					2		1	
1				3		8		
	4	9	7	6		2		
2						5		
	9	1		4		7	2	
		7						1
		2		9	6	4	8	
		3		7				2
	8		5					

HARD

190

	8							9
		4		5	7			3
1			4	2				
8	9			4				
			1		6			
				7			2	4
			6	3				1
2			7	1		9		
7							5	

192

3				6		7		
					4			
	1		7		2	5	3	
9		4			8			3
			1					
6			9			8		7
	5	8	2		3		4	
			1					
		9		8				5

191

	5			9	6			2
	7			3			1	6
					3			9
	2		1	5				
9	1						7	8
			2	8		6		
5		3						
8	9			7			5	
1			5	4			2	

193

		5				4		
3	8						9	1
	9		6		8		2	
8			7		9			2
			8		4			
7			5		3			9
	5		4		2		1	
4	2						5	3
		7				2		

HARD

194

		7		3		9		
	1	4				7	8	
		5	7		4	2		
7			3		2			4
4			6		8			9
		9	4		3	5		
	7	1				4	9	
		6		9		8		

196

			3					4
4		7	8					6
1	2				7	3		
6		4						
9			2		1			7
						5		9
		5	7				6	1
7					6	9		3
2						4		

195

	9		5				4	7
		2						
1	7		3	6				9
5	8				6			
9								5
			4				6	8
8				4	1		7	3
					2			
3	4				2		8	

197

5	8				1		7	4
	1		6		7		9	
				3				
		6				2		
4			2		5			1
		8				7		
				6				
	4		7		2		3	
7	6		5				2	9

HARD

198

			8	6		1		5
8			3					4
	5				4		7	
			4	3			5	2
2	1			7	9			
	9		7				8	
7					6			9
6		1		4	2			

200

1		2	5				9	
						8		7
			6		7			
9						4		
	3		8		5		1	
		1						2
			4		3			
2		7						
	6				1	5		8

199

	7	5	8		6			
	9		2				4	8
		3			5	7		6
7		8	4		1		3	2
1	3		9		2	6		7
3		9	6			2		
5	1				3		9	
			5		9	1	6	

201

3			5					
		6		1			3	
8			2		4	9		
	3		8		2			
1		7				2		5
			6		1		9	
		9	3		8			7
	2			6		8		
					5			4

Sudoku Solution

1

1	3	6	9	8	4	5	2	7
8	4	7	2	3	5	9	1	6
5	9	2	1	6	7	8	3	4
2	5	1	7	4	6	3	8	9
9	8	4	3	5	2	6	7	1
7	6	3	8	9	1	2	4	5
3	1	9	6	7	8	4	5	2
4	7	8	5	2	9	1	6	3
6	2	5	4	1	3	7	9	8

2

1	9	4	5	6	2	7	3	8
3	8	7	9	4	1	5	2	6
6	2	5	8	3	7	9	4	1
7	3	9	2	8	4	6	1	5
8	5	6	1	7	3	4	9	2
4	1	2	6	5	9	3	8	7
2	6	3	7	9	8	1	5	4
9	7	1	4	2	5	8	6	3
5	4	8	3	1	6	2	7	9

3

4	6	3	1	9	2	8	5	7
2	5	9	7	8	4	1	3	6
1	7	8	5	3	6	2	9	4
5	8	1	2	6	3	4	7	9
3	9	4	8	5	7	6	2	1
7	2	6	9	4	1	3	8	5
6	4	7	3	2	5	9	1	8
9	3	5	6	1	8	7	4	2
8	1	2	4	7	9	5	6	3

4

9	8	1	6	4	5	3	2	7
7	5	4	2	8	3	6	1	9
2	6	3	9	7	1	5	8	4
4	7	8	5	3	6	2	9	1
1	2	5	4	9	7	8	3	6
6	3	9	8	1	2	7	4	5
3	9	2	7	6	4	1	5	8
5	4	6	1	2	8	9	7	3
8	1	7	3	5	9	4	6	2

5

5	6	3	8	2	1	7	4	9
9	7	2	4	3	6	1	8	5
1	8	4	5	9	7	6	3	2
7	3	5	6	8	2	9	1	4
2	4	1	9	7	3	5	6	8
8	9	6	1	5	4	2	7	3
6	1	9	2	4	8	3	5	7
3	2	8	7	1	5	4	9	6
4	5	7	3	6	9	8	2	1

6

3	2	1	5	7	9	8	6	4
6	5	8	2	1	4	7	3	9
9	7	4	8	6	3	2	5	1
5	9	7	4	8	1	6	2	3
1	8	3	6	9	2	5	4	7
4	6	2	7	3	5	9	1	8
8	4	9	1	5	6	3	7	2
2	3	6	9	4	7	1	8	5
7	1	5	3	2	8	4	9	6

7

1	2	4	7	6	3	5	9	8
6	3	9	1	8	5	4	2	7
7	5	8	2	9	4	3	1	6
9	1	5	6	4	7	2	8	3
8	4	2	9	3	1	7	6	5
3	6	7	8	5	2	9	4	1
2	7	6	3	1	9	8	5	4
5	9	1	4	7	8	6	3	2
4	8	3	5	2	6	1	7	9

8

5	9	3	7	2	4	8	1	6
1	8	7	5	6	9	4	3	2
2	4	6	3	8	1	7	9	5
4	5	8	2	9	7	1	6	3
7	3	2	1	4	6	5	8	9
9	6	1	8	5	3	2	4	7
3	7	4	6	1	2	9	5	8
8	2	9	4	3	5	6	7	1
6	1	5	9	7	8	3	2	4

9

2	8	4	6	9	1	5	3	7
7	9	3	4	5	8	6	1	2
5	6	1	2	7	3	8	4	9
3	1	9	5	2	4	7	6	8
6	4	5	9	8	7	1	2	3
8	2	7	3	1	6	4	9	5
1	5	2	8	4	9	3	7	6
4	3	8	7	6	2	9	5	1
9	7	6	1	3	5	2	8	4

10

3	9	6	1	2	7	5	8	4
2	1	7	4	5	8	6	3	9
4	5	8	3	6	9	1	7	2
1	6	5	7	9	3	4	2	8
7	4	3	8	1	2	9	5	6
9	8	2	6	4	5	3	1	7
6	3	1	2	7	4	8	9	5
5	7	4	9	8	1	2	6	3
8	2	9	5	3	6	7	4	1

11

6	2	1	8	5	9	4	3	7
8	4	9	7	3	2	6	1	5
3	7	5	4	6	1	9	8	2
7	9	6	1	2	3	5	4	8
5	3	4	6	9	8	2	7	1
2	1	8	5	7	4	3	6	9
1	8	2	3	4	5	7	9	6
4	5	7	9	8	6	1	2	3
9	6	3	2	1	7	8	5	4

12

5	2	9	6	8	1	7	4	3
7	1	3	9	5	4	6	2	8
6	8	4	7	2	3	5	1	9
8	5	7	3	4	6	2	9	1
2	4	1	8	9	5	3	7	6
3	9	6	2	1	7	4	8	5
9	3	8	4	6	2	1	5	7
1	6	2	5	7	9	8	3	4
4	7	5	1	3	8	9	6	2

Sudoku Solution

13

4	2	6	3	8	5	9	7	1
7	8	5	4	9	1	2	3	6
1	9	3	2	7	6	4	5	8
8	1	4	9	2	7	5	6	3
2	3	7	5	6	4	1	8	9
6	5	9	8	1	3	7	4	2
3	7	1	6	5	9	8	2	4
9	6	8	7	4	2	3	1	5
5	4	2	1	3	8	6	9	7

14

6	1	9	3	2	5	4	7	8
7	8	4	6	9	1	3	2	5
3	2	5	7	8	4	9	6	1
8	3	1	2	4	9	6	5	7
5	6	7	8	1	3	2	9	4
4	9	2	5	7	6	8	1	3
1	5	6	9	3	8	7	4	2
9	7	8	4	5	2	1	3	6
2	4	3	1	6	7	5	8	9

15

5	8	2	9	1	3	7	6	4
1	4	6	7	5	8	3	9	2
9	7	3	6	2	4	5	1	8
2	5	4	8	6	1	9	3	7
6	1	9	4	3	7	2	8	5
8	3	7	2	9	5	6	4	1
3	2	5	1	4	9	8	7	6
4	6	8	3	7	2	1	5	9
7	9	1	5	8	6	4	2	3

16

7	4	8	1	6	5	3	2	9
3	6	2	7	9	8	5	4	1
9	5	1	4	3	2	8	6	7
8	7	5	6	2	3	9	1	4
6	9	3	5	4	1	2	7	8
1	2	4	8	7	9	6	5	3
5	1	9	2	8	7	4	3	6
4	3	7	9	5	6	1	8	2
2	8	6	3	1	4	7	9	5

17

3	9	6	1	5	4	7	2	8
4	8	5	3	7	2	6	9	1
7	1	2	8	9	6	4	3	5
1	6	9	4	8	7	2	5	3
2	7	4	5	3	1	9	8	6
8	5	3	6	2	9	1	4	7
9	3	1	7	4	5	8	6	2
5	4	7	2	6	8	3	1	9
6	2	8	9	1	3	5	7	4

18

1	6	2	7	9	4	5	8	3
7	4	5	3	1	8	9	2	6
9	3	8	2	5	6	7	1	4
2	8	7	1	6	5	3	4	9
3	5	4	9	8	7	1	6	2
6	1	9	4	2	3	8	5	7
4	7	6	8	3	1	2	9	5
5	9	1	6	7	2	4	3	8
8	2	3	5	4	9	6	7	1

19

2	4	1	7	9	3	8	5	6
7	5	3	8	1	6	9	2	4
8	9	6	5	2	4	3	1	7
4	1	5	6	8	2	7	3	9
3	8	7	1	4	9	2	6	5
6	2	9	3	5	7	1	4	8
1	6	2	9	7	5	4	8	3
9	3	8	4	6	1	5	7	2
5	7	4	2	3	8	6	9	1

20

1	2	4	3	7	6	8	5	9
9	5	6	1	2	8	7	4	3
3	8	7	9	5	4	6	2	1
4	1	5	2	8	7	3	9	6
6	3	2	5	1	9	4	8	7
8	7	9	4	6	3	2	1	5
5	4	8	7	3	1	9	6	2
2	9	3	6	4	5	1	7	8
7	6	1	8	9	2	5	3	4

21

1	5	2	4	6	7	8	9	3
3	6	4	1	9	8	5	2	7
7	8	9	5	3	2	6	4	1
2	1	6	7	8	3	9	5	4
8	3	5	9	4	6	1	7	2
9	4	7	2	1	5	3	8	6
4	7	1	3	5	9	2	6	8
5	2	8	6	7	1	4	3	9
6	9	3	8	2	4	7	1	5

22

2	3	4	5	9	8	7	1	6
1	9	6	4	7	3	5	8	2
8	7	5	1	2	6	3	4	9
7	2	9	6	5	4	1	3	8
4	1	3	7	8	2	9	6	5
5	6	8	3	1	9	4	2	7
9	4	2	8	3	7	6	5	1
3	8	1	9	6	5	2	7	4
6	5	7	2	4	1	8	9	3

23

1	4	2	3	6	7	5	9	8
3	6	7	9	5	8	2	1	4
8	5	9	4	2	1	6	3	7
6	9	4	1	8	3	7	2	5
7	1	5	2	4	9	3	8	6
2	8	3	5	7	6	1	4	9
4	3	1	6	9	5	8	7	2
9	7	6	8	1	2	4	5	3
5	2	8	7	3	4	9	6	1

24

7	6	1	5	9	8	3	4	2
5	3	8	4	1	2	9	7	6
9	4	2	7	6	3	1	8	5
1	7	9	2	8	5	6	3	4
2	5	3	6	7	4	8	9	1
4	8	6	1	3	9	2	5	7
6	9	7	3	4	1	5	2	8
8	2	4	9	5	6	7	1	3
3	1	5	8	2	7	4	6	9

Sudoku Solution

25

7	5	6	1	3	2	8	4	9
3	1	8	4	5	9	2	7	6
4	2	9	7	8	6	3	5	1
1	6	2	5	4	8	9	3	7
8	9	4	3	6	7	5	1	2
5	7	3	2	9	1	6	8	4
6	8	7	9	1	5	4	2	3
2	3	5	6	7	4	1	9	8
9	4	1	8	2	3	7	6	5

26

3	6	1	9	5	8	2	4	7
2	5	9	7	6	4	1	3	8
4	7	8	2	3	1	5	6	9
5	4	6	8	7	2	9	1	3
1	8	2	4	9	3	6	7	5
7	9	3	5	1	6	8	2	4
6	2	5	3	8	7	4	9	1
9	3	4	1	2	5	7	8	6
8	1	7	6	4	9	3	5	2

27

2	8	7	9	3	1	5	4	6
3	6	4	7	8	5	2	9	1
1	9	5	2	6	4	3	7	8
8	5	3	4	1	7	6	2	9
7	4	2	5	9	6	1	8	3
9	1	6	3	2	8	7	5	4
5	7	9	1	4	3	8	6	2
6	2	1	8	7	9	4	3	5
4	3	8	6	5	2	9	1	7

28

6	9	3	1	2	4	5	7	8
4	2	1	8	7	5	3	6	9
8	7	5	6	9	3	1	4	2
7	1	6	4	3	2	8	9	5
2	8	9	5	6	1	4	3	7
3	5	4	7	8	9	6	2	1
9	6	7	3	1	8	2	5	4
5	3	8	2	4	7	9	1	6
1	4	2	9	5	6	7	8	3

29

3	7	4	1	9	2	6	8	5
9	8	2	5	4	6	7	1	3
1	5	6	3	8	7	4	2	9
7	1	5	2	3	9	8	4	6
2	6	9	8	1	4	5	3	7
4	3	8	6	7	5	2	9	1
8	4	7	9	5	3	1	6	2
6	9	1	7	2	8	3	5	4
5	2	3	4	6	1	9	7	8

30

8	6	5	7	1	2	3	9	4
3	1	7	9	6	4	2	8	5
4	9	2	5	8	3	7	6	1
9	8	6	3	2	1	5	4	7
7	2	4	8	5	6	1	3	9
1	5	3	4	7	9	8	2	6
5	7	9	6	3	8	4	1	2
2	4	8	1	9	7	6	5	3
6	3	1	2	4	5	9	7	8

31

4	6	7	3	5	2	9	8	1
2	5	8	7	1	9	3	4	6
1	9	3	8	4	6	2	5	7
6	2	4	9	7	3	5	1	8
7	3	9	5	8	1	4	6	2
5	8	1	6	2	4	7	9	3
3	7	5	4	6	8	1	2	9
9	1	0	2	3	5	8	7	4
8	4	2	1	9	7	6	3	5

32

2	1	9	4	8	6	3	5	7
5	4	6	3	9	7	8	1	2
3	7	8	5	2	1	9	6	4
4	6	7	9	5	8	1	2	3
9	8	2	1	7	3	6	4	5
1	5	3	2	6	4	7	9	8
6	2	5	7	3	9	4	8	1
7	9	1	8	4	2	5	3	6
8	3	4	6	1	5	2	7	9

33

1	2	4	3	7	6	8	5	9
9	5	6	1	2	8	7	4	3
3	8	7	9	5	4	6	2	1
4	1	5	2	8	7	3	9	6
6	3	2	5	1	9	4	8	7
8	7	9	4	6	3	2	1	5
5	4	8	7	3	1	9	6	2
2	9	3	6	4	5	1	7	8
7	6	1	8	9	2	5	3	4

34

7	9	4	1	3	5	8	2	6
5	3	8	6	4	2	1	7	9
1	6	2	8	7	9	5	4	3
6	4	9	2	5	8	3	1	7
3	2	5	7	6	1	4	9	8
8	7	1	3	9	4	6	5	2
4	8	7	5	2	3	9	6	1
9	1	6	4	8	7	2	3	5
2	5	3	9	1	6	7	8	4

35

8	5	2	9	4	7	6	3	1
4	6	3	1	8	2	7	5	9
9	1	7	3	5	6	2	4	8
5	7	1	8	6	9	3	2	4
3	2	8	4	7	5	1	9	6
6	9	4	2	3	1	5	8	7
2	8	5	7	1	4	9	6	3
7	4	6	5	9	3	8	1	2
1	3	9	6	2	8	4	7	5

36

6	9	4	1	3	8	2	5	7
7	1	2	6	4	5	8	9	3
8	3	5	9	2	7	4	1	6
5	6	1	3	8	2	7	4	9
2	8	9	4	7	6	1	3	5
4	7	3	5	1	9	6	2	8
9	2	6	8	5	4	3	7	1
1	4	8	7	9	3	5	6	2
3	5	7	2	6	1	9	8	4

Sudoku Solution

37

4	5	1	3	7	8	6	2	9
7	3	9	6	2	5	8	1	4
8	6	2	9	1	4	3	5	7
5	9	4	2	3	6	1	7	8
6	2	7	4	8	1	5	9	3
3	1	8	5	9	7	2	4	6
1	7	5	8	6	9	4	3	2
9	8	3	1	4	2	7	6	5
2	4	6	7	5	3	9	8	1

38

3	5	4	2	7	6	8	9	1
2	7	8	9	1	4	5	6	3
1	6	9	8	3	5	4	7	2
6	4	1	5	8	9	3	2	7
5	9	2	7	4	3	1	8	6
8	3	7	1	6	2	9	5	4
4	1	5	6	2	8	7	3	9
9	2	3	4	5	7	6	1	8
7	8	6	3	9	1	2	4	5

39

4	1	3	7	8	9	6	5	2
2	7	8	5	6	1	9	3	4
5	6	9	4	3	2	8	1	7
9	5	6	2	7	4	3	8	1
7	3	2	1	5	8	4	6	9
1	8	4	3	9	6	7	2	5
8	2	5	9	4	3	1	7	6
3	4	7	6	1	5	2	9	8
6	9	1	8	2	7	5	4	3

40

4	1	5	9	8	2	7	3	6
8	2	3	6	7	5	1	4	9
9	6	7	1	3	4	2	5	8
7	4	6	8	1	3	5	9	2
1	3	2	5	9	6	4	8	7
5	9	8	4	2	7	3	6	1
6	7	9	3	4	1	8	2	5
3	5	1	2	6	8	9	7	4
2	8	4	7	5	9	6	1	3

41

8	2	1	3	4	9	7	6	5
3	5	7	6	1	2	9	8	4
9	6	4	8	7	5	3	1	2
5	1	9	2	3	4	6	7	8
7	8	2	9	5	6	1	4	3
4	3	6	1	8	7	5	2	9
2	9	8	7	6	3	4	5	1
1	7	5	4	9	8	2	3	6
6	4	3	5	2	1	8	9	7

42

5	3	7	9	1	6	4	2	8
6	8	9	3	2	4	7	1	5
2	4	1	8	7	5	6	3	9
1	7	8	4	9	3	5	6	2
3	6	4	1	5	2	8	9	7
9	5	2	7	6	8	3	4	1
4	9	6	2	8	7	1	5	3
7	2	5	6	3	1	9	8	4
8	1	3	5	4	9	2	7	6

43

9	7	5	4	3	2	6	1	8
8	6	2	5	7	1	9	3	4
1	4	3	9	8	6	7	2	5
3	1	6	2	5	9	8	4	7
2	8	7	3	6	4	5	9	1
4	5	9	7	1	8	3	6	2
6	9	8	1	2	7	4	5	3
5	2	4	8	9	3	1	7	6
7	3	1	6	4	5	2	8	9

44

4	8	9	7	6	2	1	5	3
5	3	2	8	1	9	4	6	7
1	7	6	3	5	4	8	9	2
9	4	7	1	2	5	3	8	6
6	5	8	9	7	3	2	4	1
3	2	1	4	8	6	9	7	5
7	9	3	5	4	1	6	2	8
8	6	4	2	3	7	5	1	9
2	1	5	6	9	8	7	3	4

45

3	5	7	2	4	9	1	6	8
6	4	8	5	1	3	7	9	2
2	9	1	6	8	7	3	4	5
7	8	2	1	5	4	6	3	9
4	3	5	9	2	6	8	1	7
1	6	9	7	3	8	2	5	4
9	2	6	3	7	5	4	8	1
5	7	4	8	6	1	9	2	3
8	1	3	4	9	2	5	7	6

46

2	3	6	5	4	8	1	9	7
1	5	9	2	3	7	4	8	6
4	7	8	9	6	1	3	5	2
9	4	5	7	1	2	8	6	3
8	1	7	6	5	3	9	2	4
3	6	2	4	8	9	7	1	5
5	8	1	3	2	4	6	7	9
7	2	4	8	9	6	5	3	1
6	9	3	1	7	5	2	4	8

47

7	6	9	2	5	4	8	3	1
8	2	5	9	1	3	4	6	7
3	1	4	8	7	6	5	2	9
9	5	6	4	2	7	3	1	8
1	7	3	6	8	5	2	9	4
4	8	2	3	9	1	6	7	5
5	4	1	7	3	2	9	8	6
6	3	8	1	4	9	7	5	2
2	9	7	5	6	8	1	4	3

48

1	6	4	3	8	5	9	2	7
2	7	8	1	9	6	4	3	5
9	3	5	2	4	7	6	1	8
7	8	9	6	3	2	1	5	4
4	1	2	5	7	8	3	9	6
6	5	3	9	1	4	8	7	2
5	2	1	8	6	3	7	4	9
8	9	7	4	5	1	2	6	3
3	4	6	7	2	9	5	8	1

Sudoku Solution

49

9	6	8	4	5	3	1	2	7
4	3	1	6	7	2	5	9	8
5	2	7	8	9	1	3	6	4
2	9	3	7	4	5	8	1	6
1	8	4	3	2	6	9	7	5
6	7	5	1	8	9	2	4	3
7	4	2	9	3	8	6	5	1
3	5	6	2	1	7	4	8	9
8	1	9	5	6	4	7	3	2

50

1	6	5	3	4	9	2	8	7
9	3	7	5	2	8	1	6	4
8	2	4	6	1	7	5	9	3
6	1	9	7	5	3	4	2	8
5	7	3	2	8	4	6	1	9
4	8	2	1	9	6	7	3	5
7	9	1	4	3	2	8	5	6
2	4	8	9	6	5	3	7	1
3	5	6	8	7	1	9	4	2

51

4	2	1	9	8	7	3	6	5
7	3	8	5	2	6	9	4	1
6	9	5	3	4	1	8	7	2
3	4	9	7	1	2	5	8	6
2	5	6	8	9	3	7	1	4
8	1	7	6	5	4	2	3	9
9	6	2	4	7	8	1	5	3
1	7	3	2	6	5	4	9	8
5	8	4	1	3	9	6	2	7

52

1	6	7	2	3	5	9	8	4
4	8	3	7	6	9	2	1	5
2	5	9	4	1	8	6	7	3
8	3	2	9	4	1	7	5	6
9	7	4	5	2	6	8	3	1
5	1	6	8	7	3	4	9	2
7	4	5	3	8	2	1	6	9
3	2	1	6	9	7	5	4	8
6	9	8	1	5	4	3	2	7

53

7	1	3	9	2	8	6	4	5
8	9	2	4	5	6	1	3	7
4	6	5	1	3	7	2	9	8
6	2	7	5	4	3	8	1	9
5	4	9	8	6	1	3	7	2
1	3	8	7	9	2	4	5	6
3	5	1	6	8	9	7	2	4
9	7	6	2	1	4	5	8	3
2	8	4	3	7	5	9	6	1

54

1	7	2	4	5	3	6	9	8
4	6	8	9	7	1	5	3	2
5	9	3	8	2	6	7	4	1
8	3	1	6	4	5	9	2	7
7	4	6	3	9	2	8	1	5
2	5	9	1	8	7	4	6	3
3	1	4	5	6	8	2	7	9
9	2	5	7	3	4	1	8	6
6	8	7	2	1	9	3	5	4

55

4	8	5	6	1	9	3	2	7
9	1	2	3	7	4	8	5	6
7	3	6	2	8	5	9	1	4
2	9	8	7	5	6	4	3	1
3	7	4	8	9	1	2	6	5
5	6	1	4	2	3	7	8	9
8	2	9	1	6	7	5	4	3
6	5	3	9	4	2	1	7	8
1	4	7	5	3	8	6	9	2

56

5	6	3	1	8	2	7	4	9
8	7	4	9	6	5	1	2	3
9	2	1	4	7	3	5	6	8
2	5	6	3	1	4	8	9	7
7	1	9	5	2	8	4	3	6
4	3	8	7	9	6	2	1	5
1	9	2	6	5	7	3	8	4
6	4	7	8	3	1	9	5	2
3	8	5	2	4	9	6	7	1

57

4	1	3	7	9	6	2	8	5
2	5	6	1	8	3	4	9	7
9	7	8	2	5	4	1	3	6
1	3	9	5	7	8	6	4	2
6	4	7	3	2	9	5	1	8
8	2	5	4	6	1	9	7	3
3	8	4	6	1	2	7	5	9
5	6	1	9	3	7	8	2	4
7	9	2	8	4	5	3	6	1

58

1	7	5	4	3	9	8	6	2
8	2	3	1	6	5	7	4	9
6	9	4	2	7	8	1	5	3
3	4	8	6	9	7	5	2	1
7	5	6	3	1	2	4	9	8
9	1	2	5	8	4	6	3	7
4	6	9	7	2	1	3	8	5
5	8	7	9	4	3	2	1	6
2	3	1	8	5	6	9	7	4

59

1	7	9	2	4	3	5	6	8
8	4	3	5	9	6	2	1	7
5	6	2	8	7	1	9	4	3
4	3	1	9	6	7	8	2	5
7	8	6	3	2	5	4	9	1
2	9	5	1	8	4	7	3	6
3	1	4	7	5	9	6	8	2
6	5	8	4	3	2	1	7	9
9	2	7	6	1	8	3	5	4

60

7	6	4	9	8	5	2	3	1
2	5	9	6	1	3	8	4	7
1	8	3	2	4	7	5	6	9
8	4	5	7	3	1	9	2	6
9	1	7	5	2	6	4	8	3
6	3	2	8	9	4	1	7	5
3	9	6	4	5	2	7	1	8
4	7	8	1	6	9	3	5	2
5	2	1	3	7	8	6	9	4

Sudoku Solution

61

4	2	5	7	1	3	8	9	6
3	8	1	5	6	9	2	7	4
6	7	9	4	8	2	3	1	5
9	6	4	8	5	7	1	2	3
7	1	3	2	4	6	9	5	8
2	5	8	9	3	1	4	6	7
5	9	2	3	7	4	6	8	1
8	4	6	1	9	5	7	3	2
1	3	7	6	2	8	5	4	9

62

1	4	6	8	3	2	9	7	5
3	9	5	6	4	7	1	8	2
2	7	8	1	9	5	4	3	6
6	1	2	4	5	8	7	9	3
9	8	7	3	6	1	2	5	4
5	3	4	2	7	9	6	1	8
8	2	3	9	1	4	5	6	7
4	5	9	7	8	6	3	2	1
7	6	1	5	2	3	8	4	9

63

4	5	6	8	3	9	7	1	2
1	7	9	6	2	5	8	3	4
8	3	2	7	4	1	9	6	5
7	2	4	3	9	6	1	5	8
5	9	1	2	8	7	3	4	6
3	6	8	1	5	4	2	9	7
2	4	5	9	1	8	6	7	3
6	1	3	5	7	2	4	8	9
9	8	7	4	6	3	5	2	1

64

7	3	9	6	4	5	2	8	1
2	1	5	3	8	9	4	7	6
4	8	6	7	2	1	3	5	9
5	2	3	8	1	6	9	4	7
8	9	4	5	7	3	6	1	2
1	6	7	2	9	4	5	3	8
6	5	1	9	3	7	8	2	4
3	4	2	1	6	8	7	9	5
9	7	8	4	5	2	1	6	3

65

5	6	3	2	7	4	1	9	8
1	8	7	9	3	6	5	4	2
4	2	9	5	1	8	6	3	7
6	5	4	8	2	9	7	1	3
9	3	1	6	5	7	2	8	4
2	7	8	1	4	3	9	6	5
7	1	6	3	8	2	4	5	9
8	9	2	4	6	5	3	7	1
3	4	5	7	9	1	8	2	6

66

7	1	3	8	5	4	6	2	9
2	6	5	9	7	1	4	8	3
4	8	9	6	3	2	7	1	5
5	3	2	4	1	7	9	6	8
8	4	7	5	6	9	1	3	2
1	9	6	2	8	3	5	4	7
6	5	4	7	2	8	3	9	1
9	2	1	3	4	5	8	7	6
3	7	8	1	9	6	2	5	4

67

5	6	2	7	3	1	8	9	4
9	4	7	6	5	8	1	3	2
1	8	3	4	9	2	5	6	7
4	5	9	3	8	7	2	1	6
2	7	8	1	4	6	3	5	9
3	1	6	9	2	5	7	4	8
6	2	1	5	7	4	9	8	3
7	9	4	8	1	3	6	2	5
8	3	5	2	6	9	4	7	1

68

7	4	2	3	9	5	8	6	1
6	9	1	4	7	8	5	2	3
3	5	8	1	6	2	4	7	9
5	8	4	2	1	3	6	9	7
9	1	3	7	5	6	2	8	4
2	6	7	9	8	4	1	3	5
1	2	9	8	4	7	3	5	6
8	7	6	5	3	1	9	4	2
4	3	5	6	2	9	7	1	8

69

7	4	1	6	2	5	8	3	9
8	5	6	3	7	9	1	4	2
3	9	2	8	4	1	5	6	7
1	3	7	5	8	2	6	9	4
2	8	9	4	6	7	3	5	1
5	6	4	1	9	3	2	7	8
6	7	5	2	1	4	9	8	3
4	2	8	9	3	6	7	1	5
9	1	3	7	5	8	4	2	6

70

4	7	5	3	9	6	2	1	8
1	2	8	7	4	5	3	6	9
3	9	6	1	8	2	7	4	5
2	1	4	9	5	3	8	7	6
6	5	7	2	1	8	9	3	4
9	8	3	4	6	7	5	2	1
8	6	2	5	3	4	1	9	7
5	3	9	6	7	1	4	8	2
7	4	1	8	2	9	6	5	3

71

7	3	1	8	9	5	4	6	2
9	8	6	1	2	4	5	3	7
4	2	5	7	6	3	1	8	9
2	1	8	9	7	6	3	4	5
6	5	9	4	3	2	8	7	1
3	7	4	5	8	1	9	2	6
8	6	2	3	1	9	7	5	4
5	9	7	2	4	8	6	1	3
1	4	3	6	5	7	2	9	8

72

5	4	7	2	6	9	1	3	8
3	6	9	8	1	4	5	2	7
2	8	1	7	3	5	9	4	6
6	7	3	1	5	2	4	8	9
4	2	5	9	7	8	3	6	1
1	9	8	3	4	6	7	5	2
7	1	2	5	8	3	6	9	4
9	5	4	6	2	7	8	1	3
8	3	6	4	9	1	2	7	5

Sudoku Solution

73

6	4	3	8	2	5	9	7	1
8	9	7	4	1	6	5	2	3
1	2	5	9	3	7	6	8	4
2	3	1	5	7	9	8	4	6
7	8	6	1	4	3	2	9	5
4	5	9	6	8	2	1	3	7
5	7	8	2	6	4	3	1	9
3	6	2	7	9	1	4	5	8
9	1	4	3	5	8	7	6	2

74

3	1	4	6	8	2	9	7	5
8	5	6	7	3	9	2	1	4
7	2	9	5	1	4	8	6	3
4	9	2	3	6	1	5	8	7
5	3	1	8	4	7	6	2	9
6	8	7	9	2	5	3	4	1
9	4	8	1	5	6	7	3	2
2	7	3	4	9	8	1	5	6
1	6	5	2	7	3	4	9	8

75

8	7	6	3	1	9	2	5	4
9	1	4	2	7	5	6	8	3
2	5	3	6	8	4	9	7	1
1	8	5	7	2	3	4	6	9
6	4	9	1	5	8	7	3	2
3	2	7	4	9	6	5	1	8
4	9	1	8	6	7	3	2	5
7	3	2	5	4	1	8	9	6
5	6	8	9	3	2	1	4	7

76

7	1	4	3	5	8	9	6	2
3	6	5	9	1	2	4	8	7
8	9	2	4	7	6	5	3	1
4	2	6	5	8	7	3	1	9
1	8	3	2	9	4	6	7	5
5	7	9	6	3	1	2	4	8
9	5	8	7	6	3	1	2	4
6	4	7	1	2	5	8	9	3
2	3	1	8	4	9	7	5	6

77

7	6	1	2	8	5	4	3	9
3	4	8	9	1	7	6	2	5
5	2	9	3	4	6	7	8	1
6	5	2	4	9	8	1	7	3
1	8	4	6	7	3	9	5	2
9	3	7	1	5	2	8	4	6
4	1	5	8	3	9	2	6	7
2	9	3	7	6	4	5	1	8
8	7	6	5	2	1	3	9	4

78

3	1	7	6	9	8	5	2	4
5	2	9	7	3	4	1	6	8
6	4	8	5	2	1	3	9	7
2	3	6	4	5	7	9	8	1
7	9	5	8	1	2	4	3	6
4	8	1	9	6	3	2	7	5
1	7	3	2	4	6	8	5	9
9	6	4	3	8	5	7	1	2
8	5	2	1	7	9	6	4	3

79

3	1	5	9	6	4	7	8	2
7	9	8	5	1	2	3	4	6
4	2	6	3	7	8	5	1	9
5	8	2	4	3	1	6	9	7
6	3	4	7	9	5	8	2	1
9	7	1	2	8	6	4	5	3
2	6	3	8	5	9	1	7	4
8	4	7	1	2	3	9	6	5
1	5	9	6	4	7	2	3	8

80

6	3	2	1	9	7	8	4	5
8	7	4	5	3	2	1	6	9
9	5	1	6	8	4	7	3	2
5	6	3	8	7	1	2	9	4
1	4	9	2	6	3	5	8	7
7	2	8	9	4	5	3	1	6
3	8	7	4	5	9	6	2	1
2	9	6	7	1	8	4	5	3
4	1	5	3	2	6	9	7	8

81

7	1	3	9	8	2	4	5	6
2	8	5	6	7	4	1	9	3
6	9	4	5	3	1	7	8	2
9	4	2	7	5	3	6	1	8
3	7	6	1	9	8	5	2	4
8	5	1	2	4	6	9	3	7
5	6	9	3	2	7	8	4	1
4	3	7	8	1	5	2	6	9
1	2	8	4	6	9	3	7	5

82

1	5	8	7	4	3	9	6	2
4	7	9	8	6	2	5	3	1
6	3	2	1	5	9	4	7	8
3	8	5	9	7	4	2	1	6
9	6	4	2	3	1	7	8	5
7	2	1	5	8	6	3	4	9
5	1	6	3	2	7	8	9	4
2	4	7	6	9	8	1	5	3
8	9	3	4	1	5	6	2	7

83

8	6	4	5	9	2	3	7	1
7	5	2	1	8	3	4	6	9
9	3	1	7	4	6	5	2	8
4	8	9	6	3	1	7	5	2
6	2	3	9	7	5	1	8	4
1	7	5	4	2	8	9	3	6
5	4	8	2	1	7	6	9	3
3	9	7	8	6	4	2	1	5
2	1	6	3	5	9	8	4	7

84

4	5	6	8	3	7	1	9	2
9	7	2	5	4	1	3	6	8
8	1	3	6	9	2	5	7	4
1	3	4	9	8	6	7	2	5
7	9	5	1	2	4	6	8	3
6	2	8	3	7	5	9	4	1
5	8	7	4	6	3	2	1	9
3	6	9	2	1	8	4	5	7
2	4	1	7	5	9	8	3	6

Sudoku Solution

85

3	1	5	9	6	4	7	8	2
7	9	8	5	1	2	3	4	6
4	2	6	3	7	8	5	1	9
5	8	2	4	3	1	6	9	7
6	3	4	7	9	5	8	2	1
9	7	1	2	8	6	4	5	3
2	6	3	8	5	9	1	7	4
8	4	7	1	2	3	9	6	5
1	5	9	6	4	7	2	3	8

86

6	3	4	7	9	5	2	8	1
9	1	5	6	2	8	3	4	7
8	7	2	1	4	3	9	5	6
2	4	1	8	3	6	7	9	5
7	6	3	4	5	9	8	1	2
5	9	8	2	7	1	6	3	4
3	2	9	5	6	4	1	7	8
1	5	6	3	8	7	4	2	9
4	8	7	9	1	2	5	6	3

87

6	8	2	9	4	3	5	1	7
1	7	4	5	6	2	8	3	9
9	3	5	1	7	8	4	2	6
8	2	9	3	1	5	6	7	4
4	6	3	7	8	9	1	5	2
5	1	7	6	2	4	9	8	3
7	9	8	2	5	6	3	4	1
3	5	1	4	9	7	2	6	8
2	4	6	8	3	1	7	9	5

88

6	1	7	9	3	8	4	2	5
8	4	3	6	5	2	7	9	1
5	9	2	4	1	7	6	3	8
4	3	6	8	7	1	2	5	9
9	2	1	3	6	5	8	7	4
7	8	5	2	9	4	1	6	3
1	6	8	5	2	3	9	4	7
2	5	4	7	8	9	3	1	6
3	7	9	1	4	6	5	8	2

89

4	2	8	1	3	6	7	9	5
9	5	6	4	2	7	1	3	8
3	1	7	5	9	8	2	6	4
6	8	1	9	7	4	3	5	2
2	9	4	3	8	5	6	1	7
7	3	5	2	6	1	8	4	9
5	4	3	7	1	2	9	8	6
8	7	9	6	5	3	4	2	1
1	6	2	8	4	9	5	7	3

90

9	8	7	6	1	2	5	3	4
3	5	6	8	7	4	1	2	9
4	1	2	3	5	9	6	7	8
7	6	4	9	8	5	3	1	2
2	3	8	1	6	7	4	9	5
1	9	5	2	4	3	8	6	7
6	7	1	5	9	8	2	4	3
8	2	9	4	3	1	7	5	6
5	4	3	7	2	6	9	8	1

91

5	7	3	8	4	2	9	6	1
6	1	8	5	9	7	2	3	4
4	2	9	6	3	1	8	7	5
2	8	5	7	6	4	3	1	9
3	6	7	1	2	9	5	4	8
1	9	4	3	8	5	6	2	7
9	5	2	4	7	6	1	8	3
7	3	1	2	5	8	4	9	6
8	4	6	9	1	3	7	5	2

92

2	9	6	7	3	5	1	8	4
3	8	4	1	9	6	2	7	5
7	1	5	2	4	8	3	9	6
9	5	7	3	6	2	4	1	8
8	4	2	9	7	1	6	5	3
1	6	3	8	5	4	9	2	7
4	2	1	5	8	3	7	6	9
6	7	8	4	2	9	5	3	1
5	3	9	6	1	7	8	4	2

93

2	1	8	4	9	5	3	7	6
3	7	5	8	6	2	4	9	1
4	9	6	1	3	7	8	5	2
7	6	9	3	2	4	1	8	5
1	3	4	5	8	6	7	2	9
8	5	2	7	1	9	6	3	4
9	2	1	6	7	8	5	4	3
5	8	3	2	4	1	9	6	7
6	4	7	9	5	3	2	1	8

94

1	8	9	2	6	3	4	5	7
6	5	7	4	1	8	9	2	3
2	4	3	5	7	9	6	1	8
7	9	5	6	8	4	1	3	2
8	6	2	9	3	1	7	4	5
4	3	1	7	2	5	8	6	9
5	7	4	1	9	2	3	8	6
9	2	8	3	4	6	5	7	1
3	1	6	8	5	7	2	9	4

95

4	6	8	1	9	2	7	3	5
9	2	7	4	3	5	6	8	1
1	3	5	7	8	6	2	9	4
6	7	9	2	4	3	1	5	8
2	8	4	5	7	1	9	6	3
5	1	3	8	6	9	4	2	7
3	5	2	6	1	4	8	7	9
8	9	1	3	2	7	5	4	6
7	4	6	9	5	8	3	1	2

96

4	5	1	7	9	8	3	2	6
2	6	9	1	3	4	7	8	5
3	7	8	6	5	2	9	1	4
9	4	3	2	8	6	1	5	7
6	1	2	5	4	7	8	9	3
7	8	5	9	1	3	6	4	2
5	9	4	3	7	1	2	6	8
8	3	6	4	2	9	5	7	1
1	2	7	8	6	5	4	3	9

Sudoku Solution

97

6	9	7	5	1	4	2	3	8
3	1	5	2	8	6	4	7	9
2	4	8	7	3	9	1	6	5
4	3	1	8	6	7	9	5	2
5	8	6	9	4	2	3	1	7
7	2	9	3	5	1	8	4	6
8	7	3	4	9	5	6	2	1
9	6	2	1	7	3	5	8	4
1	5	4	6	2	8	7	9	3

98

6	3	9	7	8	2	1	5	4
7	5	4	3	1	6	2	8	9
8	2	1	9	5	4	3	6	7
2	6	3	1	7	5	4	9	8
9	1	7	8	4	3	6	2	5
5	4	8	2	6	9	7	3	1
1	9	6	5	2	7	8	4	3
4	7	5	6	3	8	9	1	2
3	8	2	4	9	1	5	7	6

99

9	5	1	7	2	4	8	6	3
8	2	4	3	6	9	7	5	1
3	6	7	5	8	1	9	2	4
1	9	5	6	4	3	2	7	8
4	7	8	1	5	2	3	9	6
6	3	2	8	9	7	4	1	5
2	8	9	4	1	6	5	3	7
7	4	6	9	3	5	1	8	2
5	1	3	2	7	8	6	4	9

100

8	3	2	7	9	1	5	6	4
4	6	7	2	5	3	1	8	9
5	9	1	8	6	4	7	3	2
6	4	8	1	7	2	3	9	5
1	2	3	5	4	9	8	7	6
7	5	9	3	8	6	4	2	1
2	8	5	6	1	7	9	4	3
9	7	6	4	3	5	2	1	8
3	1	4	9	2	8	6	5	7

Sudoku Solution

101

2	8	6	4	9	7	1	5	3
3	4	1	5	2	8	7	9	6
7	9	5	1	3	6	4	2	8
5	1	8	3	6	9	2	4	7
4	3	7	8	5	2	9	6	1
6	2	9	7	1	4	8	3	5
1	7	2	6	4	5	3	8	9
9	5	3	2	8	1	6	7	4
8	6	4	9	7	3	5	1	2

102

3	5	4	2	6	8	7	1	9
2	8	7	1	3	9	5	6	4
1	6	9	4	7	5	8	2	3
4	1	5	3	9	7	6	8	2
7	9	3	6	8	2	4	5	1
8	2	6	5	1	4	9	3	7
5	7	2	8	4	1	3	9	6
6	4	8	9	2	3	1	7	5
9	3	1	7	5	6	2	4	8

103

3	5	2	7	8	6	4	1	9
8	4	9	3	2	1	7	6	5
1	6	7	9	5	4	2	3	8
7	8	5	1	9	2	3	4	6
2	1	4	6	3	8	5	9	7
6	9	3	5	4	7	8	2	1
4	7	6	8	1	3	9	5	2
5	3	1	2	7	9	6	8	4
9	2	8	4	6	5	1	7	3

104

1	9	5	2	6	4	7	8	3
3	4	6	8	7	9	1	2	5
7	2	8	3	1	5	4	9	6
9	1	2	7	3	6	5	4	8
5	8	3	4	2	1	9	6	7
6	7	4	9	5	8	3	1	2
2	6	1	5	9	7	8	3	4
4	3	7	1	8	2	6	5	9
8	5	9	6	4	3	2	7	1

105

1	3	9	5	4	6	7	8	2
7	5	2	1	9	8	4	6	3
8	4	6	7	3	2	9	5	1
4	6	5	3	7	9	1	2	8
2	1	3	8	6	4	5	7	9
9	7	8	2	1	5	3	4	6
3	8	1	4	2	7	6	9	5
5	9	7	6	8	3	2	1	4
6	2	4	9	5	1	8	3	7

106

7	5	3	4	1	8	6	2	9
2	6	1	9	5	3	7	4	8
8	4	9	7	2	6	1	3	5
4	9	8	1	3	5	2	7	6
6	3	5	2	8	7	9	1	4
1	7	2	6	4	9	5	8	3
3	1	7	5	9	4	8	6	2
5	2	4	8	6	1	3	9	7
9	8	6	3	7	2	4	5	1

107

9	8	6	7	4	1	2	5	3
1	4	5	9	2	3	6	7	8
7	3	2	6	5	8	4	9	1
2	5	3	1	6	7	8	4	9
4	7	8	5	9	2	3	1	6
6	1	9	8	3	4	5	2	7
8	2	4	3	7	9	1	6	5
3	6	7	4	1	5	9	8	2
5	9	1	2	8	6	7	3	4

108

7	3	4	2	9	6	5	1	8
1	6	9	5	7	8	2	3	4
8	2	5	3	1	4	6	9	7
6	9	3	7	2	5	8	4	1
4	8	7	6	3	1	9	5	2
5	1	2	4	8	9	3	7	6
9	5	8	1	6	7	4	2	3
3	4	1	8	5	2	7	6	9
2	7	6	9	4	3	1	8	5

109

1	7	9	5	4	2	8	6	3
5	4	6	8	9	3	7	2	1
3	2	8	7	1	6	4	5	9
4	9	5	2	3	1	6	8	7
8	3	7	4	6	5	9	1	2
2	6	1	9	8	7	3	4	5
7	5	4	3	2	8	1	9	6
9	1	3	6	5	4	2	7	8
6	8	2	1	7	9	5	3	4

110

1	7	6	4	9	8	3	2	5
4	2	3	6	1	5	8	9	7
5	8	9	3	7	2	1	4	6
7	3	5	9	2	1	4	6	8
6	9	2	7	8	4	5	3	1
8	1	4	5	3	6	2	7	9
3	4	8	1	6	9	7	5	2
2	6	7	8	5	3	9	1	4
9	5	1	2	4	7	6	8	3

111

1	8	6	7	9	5	2	4	3
5	4	7	3	1	2	8	9	6
3	9	2	6	8	4	7	1	5
6	2	9	8	3	7	4	5	1
4	3	5	2	6	1	9	7	8
8	7	1	4	5	9	6	3	2
7	5	3	9	2	6	1	8	4
2	1	4	5	7	8	3	6	9
9	6	8	1	4	3	5	2	7

112

2	1	6	7	8	9	4	5	3
3	8	9	5	6	4	2	1	7
4	5	7	2	1	3	6	8	9
7	3	4	8	5	1	9	6	2
9	2	8	6	4	7	5	3	1
5	6	1	9	3	2	7	4	8
8	4	2	3	9	6	1	7	5
1	9	3	4	7	5	8	2	6
6	7	5	1	2	8	3	9	4

Sudoku Solution

113

5	2	4	8	3	9	7	6	1
8	1	3	7	6	5	9	4	2
9	7	6	1	2	4	5	8	3
1	6	5	3	4	7	8	2	9
4	8	2	9	1	6	3	7	5
3	9	7	5	8	2	6	1	4
6	4	9	2	7	3	1	5	8
2	5	1	6	9	8	4	3	7
7	3	8	4	5	1	2	9	6

114

3	1	4	7	9	8	6	5	2
2	8	6	5	4	3	7	1	9
7	9	5	6	2	1	8	4	3
8	5	3	2	1	6	9	7	4
4	7	1	8	3	9	2	6	5
9	6	2	4	5	7	1	3	8
6	4	7	9	8	5	3	2	1
5	3	9	1	7	2	4	8	6
1	2	8	3	6	4	5	9	7

115

3	4	7	2	9	8	1	6	5
6	1	8	4	3	5	9	7	2
5	2	9	1	7	6	8	3	4
4	9	1	5	6	3	7	2	8
8	5	6	9	2	7	4	1	3
7	3	2	8	1	4	5	9	6
9	8	3	6	4	1	2	5	7
2	6	4	7	5	9	3	8	1
1	7	5	3	8	2	6	4	9

116

3	6	9	4	8	2	1	5	7
7	2	8	3	1	5	9	6	4
4	1	5	6	7	9	2	3	8
2	9	1	5	4	3	7	8	6
8	4	6	9	2	7	5	1	3
5	7	3	1	6	8	4	2	9
6	5	2	8	9	4	3	7	1
9	8	7	2	3	1	6	4	5
1	3	4	7	5	6	8	9	2

117

9	5	4	3	8	7	2	6	1
2	3	7	6	9	1	5	4	8
1	6	8	5	2	4	3	7	9
4	9	1	2	6	5	8	3	7
6	8	2	7	3	9	1	5	4
3	7	5	4	1	8	6	9	2
8	1	3	9	4	6	7	2	5
7	2	9	1	5	3	4	8	6
5	4	6	8	7	2	9	1	3

118

3	2	4	8	6	9	5	1	7
8	1	7	5	3	4	6	2	9
9	6	5	2	7	1	8	3	4
1	7	2	6	4	8	3	9	5
5	8	3	1	9	7	2	4	6
6	4	9	3	2	5	1	7	8
7	5	8	4	1	3	9	6	2
4	3	6	9	8	2	7	5	1
2	9	1	7	5	6	4	8	3

119

6	3	1	9	5	2	7	4	8
5	9	8	4	7	1	3	2	6
4	2	7	6	8	3	9	1	5
2	4	3	1	9	5	6	8	7
7	5	9	8	2	6	4	3	1
1	8	6	7	3	4	2	5	9
8	6	2	3	1	7	5	9	4
3	1	4	5	6	9	8	7	2
9	7	5	2	4	8	1	6	3

120

3	9	1	5	8	6	7	4	2
2	4	6	7	1	9	5	3	8
8	7	5	2	3	4	9	1	6
9	3	4	8	5	2	6	7	1
1	6	7	4	9	3	2	8	5
5	8	2	6	7	1	4	9	3
6	5	9	3	4	8	1	2	7
4	2	3	1	6	7	8	5	9
7	1	8	9	2	5	3	6	4

121

2	7	3	6	4	9	1	8	5
4	6	8	5	3	1	7	2	9
5	1	9	2	8	7	4	3	6
7	3	4	8	5	6	9	1	2
6	9	2	1	7	4	8	5	3
1	8	5	3	9	2	6	7	4
3	4	6	7	1	5	2	9	8
8	2	7	9	6	3	5	4	1
9	5	1	4	2	8	3	6	7

122

1	6	8	2	9	4	5	7	3
9	7	2	8	5	3	1	6	4
4	5	3	7	1	6	9	2	8
6	9	4	1	2	7	3	8	5
2	3	1	5	4	8	6	9	7
7	8	5	6	3	9	4	1	2
8	1	7	3	6	5	2	4	9
5	4	6	9	8	2	7	3	1
3	2	9	4	7	1	8	5	6

123

3	6	4	7	8	1	5	2	9
2	9	7	5	6	3	8	4	1
1	5	8	2	4	9	3	6	7
8	2	3	1	9	6	4	7	5
7	1	9	3	5	4	6	8	2
5	4	6	8	2	7	1	9	3
6	7	2	4	3	5	9	1	8
9	8	5	6	1	2	7	3	4
4	3	1	9	7	8	2	5	6

124

5	6	4	2	3	7	9	1	8
3	9	1	5	8	6	4	2	7
2	7	8	4	1	9	6	5	3
1	2	5	3	4	8	7	9	6
7	4	6	1	9	5	3	8	2
9	8	3	6	7	2	1	4	5
4	3	2	7	5	1	8	6	9
6	1	9	8	2	3	5	7	4
8	5	7	9	6	4	2	3	1

Sudoku Solution

125

7	1	2	9	3	8	6	5	4
5	8	4	7	6	1	2	3	9
3	9	6	2	4	5	8	1	7
2	4	7	3	1	6	9	8	5
1	3	8	5	9	2	4	7	6
9	6	5	8	7	4	3	2	1
4	5	3	1	8	9	7	6	2
6	7	1	4	2	3	5	9	8
8	2	9	6	5	7	1	4	3

126

4	6	2	3	1	5	7	8	9
8	9	5	2	7	4	1	3	6
1	3	7	8	9	6	4	2	5
6	1	4	9	3	8	2	5	7
5	2	8	7	4	1	6	9	3
3	7	9	5	6	2	8	1	4
2	5	3	6	8	7	9	4	1
9	4	6	1	2	3	5	7	8
7	8	1	4	5	9	3	6	2

127

5	9	8	6	1	3	4	7	2
1	6	7	4	2	8	3	9	5
3	2	4	5	7	9	6	8	1
7	5	3	1	9	4	8	2	6
8	1	6	7	3	2	9	5	4
2	4	9	8	5	6	7	1	3
6	8	2	9	4	1	5	3	7
9	7	1	3	6	5	2	4	8
4	3	5	2	8	7	1	6	9

128

6	3	7	1	4	8	2	5	9
5	1	4	6	9	2	3	7	8
8	2	9	7	5	3	1	6	4
2	6	1	3	8	5	9	4	7
7	5	3	9	6	4	8	1	2
4	9	8	2	7	1	6	3	5
1	7	2	5	3	9	4	8	6
9	8	6	4	1	7	5	2	3
3	4	5	8	2	6	7	9	1

129

1	9	5	6	3	2	4	8	7
6	8	2	9	7	4	3	1	5
3	4	7	5	8	1	2	6	9
4	7	1	8	2	6	9	5	3
9	3	6	7	4	5	1	2	8
5	2	8	1	9	3	6	7	4
7	6	4	3	1	8	5	9	2
2	1	9	4	5	7	8	3	6
8	5	3	2	6	9	7	4	1

130

1	6	3	5	7	9	2	4	8
8	2	5	6	1	4	7	9	3
7	9	4	8	3	2	6	5	1
3	8	9	1	2	7	5	6	4
6	4	2	3	9	5	1	8	7
5	7	1	4	6	8	9	3	2
2	5	8	9	4	1	3	7	6
4	3	7	2	5	6	8	1	9
9	1	6	7	8	3	4	2	5

131

1	4	7	3	6	2	8	5	9
6	9	8	1	4	5	2	3	7
5	3	2	9	7	8	1	4	6
2	8	1	5	9	7	4	6	3
9	5	6	4	3	1	7	8	2
3	7	4	8	2	6	5	9	1
8	1	3	2	5	9	6	7	4
4	6	5	7	1	3	9	2	8
7	2	9	6	8	4	3	1	5

132

5	4	8	9	2	1	6	7	3
9	7	1	6	3	5	4	2	8
2	3	6	8	7	4	5	9	1
1	8	2	7	4	9	3	5	6
3	6	9	5	1	2	8	4	7
4	5	7	3	8	6	2	1	9
6	1	5	4	9	8	7	3	2
7	9	4	2	6	3	1	8	5
8	2	3	1	5	7	9	6	4

133

2	9	5	6	4	8	3	1	7
6	8	7	5	3	1	2	9	4
4	1	3	9	2	7	8	5	6
3	5	6	2	1	9	4	7	8
8	4	2	7	5	6	9	3	1
9	7	1	3	8	4	6	2	5
1	3	9	8	6	5	7	4	2
5	2	8	4	7	3	1	6	9
7	6	4	1	9	2	5	8	3

134

4	6	8	1	2	9	7	3	5
3	5	9	8	6	7	1	4	2
1	7	2	5	4	3	9	6	8
8	1	6	2	7	4	5	9	3
2	9	5	6	3	1	4	8	7
7	3	4	9	8	5	2	1	6
5	4	3	7	9	6	8	2	1
6	2	7	4	1	8	3	5	9
9	8	1	3	5	2	6	7	4

135

5	9	8	6	2	7	1	3	4
4	2	6	9	3	1	5	8	7
1	3	7	4	5	8	2	6	9
3	7	4	2	6	5	8	9	1
8	5	2	1	7	9	6	4	3
9	6	1	3	8	4	7	2	5
2	8	5	7	9	3	4	1	6
6	1	9	5	4	2	3	7	8
7	4	3	8	1	6	9	5	2

136

9	8	6	1	2	7	4	3	5
5	4	7	6	8	3	1	2	9
3	2	1	9	5	4	8	7	6
8	7	5	2	6	1	3	9	4
4	6	2	3	9	8	5	1	7
1	9	3	4	7	5	2	6	8
6	5	8	7	3	2	9	4	1
2	1	9	5	4	6	7	8	3
7	3	4	8	1	9	6	5	2

Sudoku Solution

137

```
3 7 1 2 9 4 8 6 5
6 5 4 8 3 7 1 9 2
8 2 9 1 6 5 7 3 4
4 6 2 5 8 9 3 1 7
9 1 8 7 2 3 5 4 6
7 3 5 4 1 6 2 8 9
5 9 6 3 7 8 4 2 1
1 4 3 6 5 2 9 7 8
2 8 7 9 4 1 6 5 3
```

138

```
6 9 2 8 4 3 1 5 7
8 7 5 2 9 1 4 3 6
3 1 4 6 7 5 2 8 9
9 4 1 7 3 2 5 6 8
2 6 7 4 5 8 3 9 1
5 3 8 9 1 6 7 2 4
7 8 3 1 2 9 6 4 5
1 2 6 5 8 4 9 7 3
4 5 9 3 6 7 8 1 2
```

139

```
5 1 4 6 2 8 7 9 3
3 9 8 1 7 5 4 6 2
6 2 7 3 4 9 1 5 8
2 3 9 7 1 4 6 8 5
7 8 5 9 3 6 2 1 4
4 6 1 5 8 2 3 7 9
9 5 2 4 6 1 8 3 7
1 4 3 8 5 7 9 2 6
8 7 6 2 9 3 5 4 1
```

140

```
7 4 6 9 3 1 5 2 8
8 3 1 5 2 7 4 9 6
5 2 9 4 8 6 7 3 1
1 9 8 7 5 4 2 6 3
6 7 3 1 9 2 8 4 5
2 5 4 8 6 3 1 7 9
3 1 2 6 4 5 9 8 7
4 8 5 3 7 9 6 1 2
9 6 7 2 1 8 3 5 4
```

141

```
8 5 7 1 6 3 2 9 4
2 1 6 8 4 9 7 5 3
4 3 9 2 5 7 1 6 8
3 8 5 9 7 4 6 2 1
6 4 2 5 1 8 9 3 7
7 9 1 3 2 6 4 8 5
9 2 4 7 3 5 8 1 6
1 7 3 6 8 2 5 4 9
5 6 8 4 9 1 3 7 2
```

142

```
1 4 7 5 2 6 3 8 9
2 8 9 4 1 3 7 5 6
3 6 5 8 9 7 4 2 1
6 7 2 3 4 1 5 9 8
9 5 1 7 8 2 6 3 4
8 3 4 6 5 9 1 7 2
7 1 8 9 6 5 2 4 3
4 2 3 1 7 8 9 6 5
5 9 6 2 3 4 8 1 7
```

143

```
5 9 3 4 2 6 7 1 8
4 2 7 8 1 3 9 6 5
8 1 6 7 9 5 4 3 2
1 5 4 9 8 7 6 2 3
3 6 9 2 5 4 8 7 1
2 7 8 3 6 1 5 4 9
9 8 1 6 7 2 3 5 4
7 4 5 1 3 9 2 8 6
6 3 2 5 4 8 1 9 7
```

144

```
1 6 9 3 4 2 7 5 8
5 7 4 9 1 8 3 2 6
8 2 3 6 7 5 9 1 4
2 8 6 4 3 1 5 9 7
3 4 5 7 2 9 8 6 1
9 1 7 8 5 6 4 3 2
6 3 2 5 8 4 1 7 9
7 9 8 1 6 3 2 4 5
4 5 1 2 9 7 6 8 3
```

145

```
1 5 7 9 6 2 4 3 8
4 9 2 5 3 8 6 7 1
8 6 3 7 1 4 2 5 9
6 1 9 3 2 7 8 4 5
5 7 8 1 4 6 9 2 3
3 2 4 8 5 9 1 6 7
7 4 1 6 8 3 5 9 2
2 3 5 4 9 1 7 8 6
9 8 6 2 7 5 3 1 4
```

146

```
6 4 9 8 1 5 7 2 3
2 5 7 6 4 3 1 9 8
1 8 3 7 2 9 5 4 6
9 6 4 1 3 2 8 5 7
7 3 1 5 8 4 2 6 9
5 2 8 9 6 7 4 3 1
8 1 5 2 9 6 3 7 4
3 9 2 4 7 1 6 8 5
4 7 6 3 5 8 9 1 2
```

147

```
1 7 3 4 5 6 8 9 2
9 2 5 3 8 1 7 6 4
4 6 8 7 2 9 3 5 1
3 9 1 5 4 7 2 8 6
6 5 4 2 9 8 1 3 7
7 8 2 6 1 3 9 4 5
5 4 7 8 3 2 6 1 9
2 3 9 1 6 5 4 7 8
8 1 6 9 7 4 5 2 3
```

148

```
4 3 5 7 8 6 1 9 2
9 2 1 3 4 5 8 6 7
7 6 8 9 1 2 5 4 3
6 1 3 2 9 8 7 5 4
5 9 4 1 7 3 6 2 8
2 8 7 5 6 4 3 1 9
8 4 2 6 3 1 9 7 5
1 5 9 8 2 7 4 3 6
3 7 6 4 5 9 2 8 1
```

Sudoku Solution

149

4	8	2	9	3	7	1	5	6
6	3	5	1	8	4	2	9	7
9	7	1	5	2	6	3	4	8
1	2	3	4	7	9	6	8	5
8	5	4	6	1	3	7	2	9
7	6	9	2	5	8	4	1	3
2	9	6	3	4	5	8	7	1
3	4	7	8	9	1	5	6	2
5	1	8	7	6	2	9	3	4

150

7	3	4	9	1	8	2	5	6
9	1	6	2	3	5	7	4	8
5	2	8	7	4	6	9	3	1
3	7	2	8	9	4	6	1	5
4	5	9	3	6	1	8	7	2
8	6	1	5	2	7	3	9	4
6	8	7	4	5	9	1	2	3
2	9	5	1	8	3	4	6	7
1	4	3	6	7	2	5	8	9

151

7	1	8	4	6	5	3	2	9
3	5	4	2	7	9	8	6	1
2	6	9	3	8	1	4	7	5
6	9	3	8	4	2	1	5	7
8	2	1	6	5	7	9	3	4
5	4	7	1	9	3	2	8	6
1	7	2	5	3	4	6	9	8
4	8	5	9	2	6	7	1	3
9	3	6	7	1	8	5	4	2

152

3	7	6	1	5	4	8	2	9
1	4	2	3	9	8	7	6	5
5	8	9	6	2	7	4	3	1
2	9	7	8	3	6	5	1	4
8	6	5	4	1	9	2	7	3
4	3	1	5	7	2	6	9	8
6	1	3	2	8	5	9	4	7
9	5	4	7	6	1	3	8	2
7	2	8	9	4	3	1	5	6

153

1	4	5	9	7	8	6	3	2
2	8	7	3	1	6	4	9	5
6	3	9	2	5	4	8	1	7
7	1	2	4	9	5	3	6	8
8	6	4	1	3	7	2	5	9
5	9	3	8	6	2	1	7	4
3	2	1	5	8	9	7	4	6
4	5	6	7	2	1	9	8	3
9	7	8	6	4	3	5	2	1

154

2	9	6	8	4	1	3	7	5
1	4	5	9	3	7	8	2	6
8	7	3	6	5	2	4	9	1
6	5	8	2	1	3	9	4	7
3	2	4	7	6	9	1	5	8
9	1	7	5	8	4	2	6	3
7	3	2	1	9	5	6	8	4
5	6	1	4	2	8	7	3	9
4	8	9	3	7	6	5	1	2

155

4	2	9	5	1	6	7	3	8
7	5	6	3	8	2	9	1	4
3	8	1	7	9	4	6	2	5
6	3	5	8	4	7	1	9	2
9	7	2	6	5	1	4	8	3
8	1	4	2	3	9	5	6	7
2	4	3	9	6	5	8	7	1
5	9	7	1	2	8	3	4	6
1	6	8	4	7	3	2	5	9

156

3	2	5	8	4	9	7	6	1
8	7	6	5	3	1	9	4	2
1	4	9	7	2	6	8	3	5
4	5	1	9	7	3	6	2	8
9	6	2	4	5	8	1	7	3
7	8	3	1	6	2	4	5	9
2	1	4	3	9	7	5	8	6
5	3	8	6	1	4	2	9	7
6	9	7	2	8	5	3	1	4

157

9	3	1	4	5	6	2	7	8
2	5	6	7	9	8	4	3	1
7	4	8	3	1	2	9	5	6
3	2	4	6	8	7	5	1	9
5	8	7	1	4	9	3	6	2
1	6	9	5	2	3	8	4	7
4	7	2	8	3	1	6	9	5
8	1	3	9	6	5	7	2	4
6	9	5	2	7	4	1	8	3

158

7	6	3	4	8	5	2	1	9
1	5	8	2	9	7	6	3	4
9	2	4	3	1	6	5	8	7
3	9	6	1	4	2	7	5	8
5	1	2	9	7	8	4	6	3
8	4	7	5	6	3	1	9	2
4	3	9	6	2	1	8	7	5
2	7	1	8	5	9	3	4	6
6	8	5	7	3	4	9	2	1

159

4	6	2	9	7	8	1	5	3
5	3	8	4	1	2	7	6	9
7	1	9	5	6	3	2	4	8
3	2	4	7	5	6	9	8	1
9	5	7	8	4	1	3	2	6
1	8	6	2	3	9	4	7	5
8	4	3	1	2	5	6	9	7
6	7	5	3	9	4	8	1	2
2	9	1	6	8	7	5	3	4

160

2	7	3	5	1	9	4	8	6
4	1	9	8	3	6	5	2	7
6	5	8	4	7	2	3	1	9
1	6	2	3	4	5	7	9	8
3	4	7	9	2	8	1	6	5
8	9	5	7	6	1	2	4	3
5	2	1	6	8	7	9	3	4
9	8	4	1	5	3	6	7	2
7	3	6	2	9	4	8	5	1

Sudoku Solution

161

9	6	1	3	7	4	8	5	2
7	2	3	8	9	5	6	1	4
8	5	4	2	1	6	7	3	9
1	3	2	4	6	7	9	8	5
5	7	8	9	3	1	4	2	6
4	9	6	5	8	2	1	7	3
6	8	5	7	2	9	3	4	1
2	1	7	6	4	3	5	9	8
3	4	9	1	5	8	2	6	7

162

1	4	3	8	6	2	5	7	9
6	5	7	3	9	1	2	4	8
2	9	8	7	5	4	3	6	1
4	6	9	1	2	7	8	5	3
7	3	5	4	8	9	6	1	2
8	1	2	6	3	5	4	9	7
5	8	6	9	7	3	1	2	4
9	2	1	5	4	8	7	3	6
3	7	4	2	1	6	9	8	5

163

4	1	2	6	5	8	9	7	3
8	6	7	9	1	3	5	4	2
3	5	9	7	2	4	8	6	1
1	7	6	2	3	9	4	5	8
2	4	5	8	7	1	6	3	9
9	8	3	4	6	5	1	2	7
7	2	4	1	8	6	3	9	5
6	3	1	5	9	7	2	8	4
5	9	8	3	4	2	7	1	6

164

1	9	6	5	4	7	8	2	3
5	2	7	1	8	3	9	6	4
4	8	3	9	2	6	5	7	1
7	3	1	6	9	4	2	8	5
8	6	2	7	1	5	4	3	9
9	4	5	8	3	2	7	1	6
6	7	8	4	5	1	3	9	2
2	1	4	3	7	9	6	5	8
3	5	9	2	6	8	1	4	7

165

1	2	5	8	9	3	4	6	7
9	3	7	6	5	4	2	1	8
4	8	6	2	1	7	5	3	9
3	5	1	7	4	9	6	8	2
8	7	2	1	6	5	3	9	4
6	9	4	3	8	2	7	5	1
5	6	9	4	2	8	1	7	3
2	1	3	9	7	6	8	4	5
7	4	8	5	3	1	9	2	6

166

6	5	1	3	2	7	8	9	4
2	3	9	4	8	5	7	6	1
8	7	4	1	9	6	5	3	2
4	9	7	6	1	8	3	2	5
5	8	2	9	3	4	6	1	7
3	1	6	7	5	2	9	4	8
9	2	5	8	4	3	1	7	6
1	6	8	2	7	9	4	5	3
7	4	3	5	6	1	2	8	9

167

4	5	8	6	3	9	1	7	2
1	6	2	4	5	7	3	9	8
3	7	9	1	8	2	6	5	4
8	2	6	3	7	4	5	1	9
5	1	3	9	2	6	8	4	7
7	9	4	5	1	8	2	3	6
9	8	1	2	4	3	7	6	5
6	3	7	8	9	5	4	2	1
2	4	5	7	6	1	9	8	3

168

4	7	8	5	3	9	6	2	1
5	2	9	7	1	6	4	8	3
6	3	1	8	4	2	7	9	5
3	8	6	1	9	5	2	4	7
7	5	2	4	8	3	9	1	6
9	1	4	2	6	7	5	3	8
2	6	3	9	7	8	1	5	4
1	9	7	3	5	4	8	6	2
8	4	5	6	2	1	3	7	9

169

3	1	2	9	7	4	5	8	6
6	5	7	2	8	1	4	3	9
9	4	8	6	5	3	7	1	2
4	2	5	3	6	8	1	9	7
7	3	9	1	4	5	6	2	8
8	6	1	7	2	9	3	5	4
5	7	3	4	9	2	8	6	1
1	9	4	8	3	6	2	7	5
2	8	6	5	1	7	9	4	3

170

7	2	4	3	5	6	9	8	1
5	8	3	2	1	9	6	4	7
1	6	9	7	4	8	2	5	3
2	3	1	8	9	7	4	6	5
9	4	7	1	6	5	8	3	2
6	5	8	4	3	2	7	1	9
8	1	6	9	2	3	5	7	4
3	9	5	6	7	4	1	2	8
4	7	2	5	8	1	3	9	6

171

3	9	6	1	7	8	2	4	5
8	2	5	6	9	4	3	1	7
4	7	1	2	5	3	6	9	8
7	6	8	5	2	1	4	3	9
9	3	4	7	8	6	1	5	2
5	1	2	4	3	9	7	8	6
1	5	7	8	4	2	9	6	3
2	4	3	9	6	5	8	7	1
6	8	9	3	1	7	5	2	4

172

3	4	5	8	6	2	7	9	1
7	8	1	5	9	3	6	4	2
9	2	6	4	1	7	5	3	8
4	7	2	1	8	9	3	5	6
6	1	9	2	3	5	4	8	7
8	5	3	7	4	6	1	2	9
1	9	7	3	5	8	2	6	4
2	3	8	6	7	4	9	1	5
5	6	4	9	2	1	8	7	3

Sudoku Solution

173

9	3	8	6	4	5	7	1	2
2	6	1	7	8	3	9	5	4
7	5	4	9	2	1	3	6	8
5	8	9	3	7	2	1	4	6
6	2	3	8	1	4	5	7	9
4	1	7	5	6	9	8	2	3
8	7	2	1	3	6	4	9	5
3	9	6	4	5	7	2	8	1
1	4	5	2	9	8	6	3	7

174

4	8	3	6	5	1	2	7	9
7	1	9	2	4	3	6	5	8
2	6	5	7	8	9	4	3	1
9	2	6	1	3	8	7	4	5
8	3	1	4	7	5	9	2	6
5	7	4	9	6	2	1	8	3
3	9	7	5	2	6	8	1	4
1	5	2	8	9	4	3	6	7
6	4	8	3	1	7	5	9	2

175

3	6	8	4	1	9	7	5	2
2	7	1	5	3	8	9	6	4
5	4	9	6	2	7	8	3	1
7	8	5	1	4	3	2	9	6
1	9	2	8	6	5	3	4	7
6	3	4	9	7	2	1	8	5
8	1	6	7	9	4	5	2	3
9	2	7	3	5	6	4	1	8
4	5	3	2	8	1	6	7	9

176

9	6	5	7	8	1	2	3	4
4	1	7	5	3	2	8	9	6
3	8	2	4	6	9	1	7	5
1	5	9	8	7	4	6	2	3
6	7	8	2	5	3	9	4	1
2	4	3	9	1	6	7	5	8
8	2	4	1	9	5	3	6	7
5	3	1	6	2	7	4	8	9
7	9	6	3	4	8	5	1	2

177

8	7	3	1	9	6	2	5	4
2	9	1	5	4	3	8	7	6
4	6	5	7	2	8	3	1	9
1	5	7	3	6	2	9	4	8
3	8	2	9	7	4	5	6	1
9	4	6	8	5	1	7	2	3
6	3	8	2	1	5	4	9	7
7	2	4	6	3	9	1	8	5
5	1	9	4	8	7	6	3	2

178

3	7	4	8	6	1	2	5	9
9	8	2	5	3	7	6	1	4
5	1	6	2	4	9	7	8	3
6	5	8	9	7	4	1	3	2
1	9	7	3	2	8	5	4	6
4	2	3	6	1	5	8	9	7
2	4	9	1	5	6	3	7	8
7	3	1	4	8	2	9	6	5
8	6	5	7	9	3	4	2	1

179

6	5	9	4	1	2	7	3	8
8	3	1	6	5	7	4	2	9
4	7	2	3	9	8	6	1	5
9	4	5	7	3	6	1	8	2
3	2	6	5	8	1	9	7	4
1	8	7	2	4	9	5	6	3
2	6	8	9	7	5	3	4	1
5	1	3	8	6	4	2	9	7
7	9	4	1	2	3	8	5	6

180

6	3	2	5	7	8	1	4	9
8	9	5	1	4	3	7	2	6
4	1	7	6	9	2	8	5	3
3	6	9	7	8	5	4	1	2
7	2	1	4	3	9	5	6	8
5	4	8	2	6	1	9	3	7
9	7	4	3	5	6	2	8	1
1	5	3	8	2	7	6	9	4
2	8	6	9	1	4	3	7	5

181

6	3	2	7	8	4	1	5	9
7	4	5	6	9	1	2	8	3
1	9	8	2	5	3	7	4	6
3	1	7	4	6	5	8	9	2
2	5	4	8	7	9	6	3	1
8	6	9	1	3	2	5	7	4
9	8	3	5	1	6	4	2	7
5	2	1	9	4	7	3	6	8
4	7	6	3	2	8	9	1	5

182

6	4	8	2	1	3	5	9	7
1	9	5	7	4	8	2	6	3
3	7	2	6	5	9	4	1	8
7	5	3	8	6	4	1	2	9
8	1	4	9	3	2	6	7	5
2	6	9	1	7	5	3	8	4
5	2	1	3	9	7	8	4	6
9	3	6	4	8	1	7	5	2
4	8	7	5	2	6	9	3	1

183

9	6	1	2	4	5	8	3	7
2	4	3	7	1	8	6	5	9
7	5	8	9	6	3	4	2	1
4	8	9	6	2	1	3	7	5
3	1	7	5	8	4	2	9	6
6	2	5	3	7	9	1	4	8
1	7	2	4	5	6	9	8	3
8	3	4	1	9	7	5	6	2
5	9	6	8	3	2	7	1	4

184

4	6	2	3	7	8	1	5	9
9	8	7	1	4	5	6	3	2
1	3	5	2	6	9	8	4	7
7	1	3	4	8	6	9	2	5
5	4	8	9	2	1	7	6	3
2	9	6	5	3	7	4	1	8
8	7	4	6	5	2	3	9	1
3	5	1	8	9	4	2	7	6
6	2	9	7	1	3	5	8	4

Sudoku Solution

185

5	3	6	9	8	4	2	7	1
4	1	9	2	6	7	8	5	3
7	2	8	1	5	3	6	9	4
1	7	4	8	3	2	9	6	5
6	9	2	7	4	5	3	1	8
8	5	3	6	9	1	4	2	7
3	8	1	5	2	6	7	4	9
2	4	7	3	1	9	5	8	6
9	6	5	4	7	8	1	3	2

186

3	1	2	6	8	7	4	5	9
8	9	4	1	5	3	6	2	7
6	7	5	4	9	2	8	3	1
7	2	3	5	4	6	9	1	8
9	5	6	7	1	8	2	4	3
4	8	1	2	3	9	7	6	5
2	6	9	3	7	5	1	8	4
5	4	7	8	6	1	3	9	2
1	3	8	9	2	4	5	7	6

187

4	1	2	3	9	7	5	6	8
8	6	9	1	5	2	7	3	4
5	3	7	6	4	8	2	9	1
3	7	8	2	1	9	6	4	5
2	4	1	5	7	6	9	8	3
9	5	6	8	3	4	1	2	7
6	2	4	7	8	5	3	1	9
7	9	3	4	2	1	8	5	6
1	8	5	9	6	3	4	7	2

188

7	3	6	8	5	2	9	1	4
1	2	5	9	3	4	8	7	6
8	4	9	7	6	1	2	3	5
2	6	8	3	1	7	5	4	9
3	9	1	6	4	5	7	2	8
4	5	7	2	8	9	3	6	1
5	7	2	1	9	6	4	8	3
9	1	3	4	7	8	6	5	2
6	8	4	5	2	3	1	9	7

189

5	8	7	6	3	1	2	4	9
6	2	4	9	5	7	1	8	3
1	3	9	4	2	8	5	6	7
8	9	5	3	4	2	7	1	6
4	7	2	1	8	6	3	9	5
3	6	1	5	7	9	8	2	4
9	5	8	2	6	3	4	7	1
2	4	6	7	1	5	9	3	8
7	1	3	8	9	4	6	5	2

190

3	5	1	4	9	6	7	8	2
4	7	9	8	3	2	5	1	6
2	8	6	7	1	5	3	4	9
6	2	8	1	5	7	9	3	4
9	1	5	3	6	4	2	7	8
7	3	4	9	2	8	1	6	5
5	4	3	2	8	1	6	9	7
8	9	2	6	7	3	4	5	1
1	6	7	5	4	9	8	2	3

191

3	4	5	8	6	1	7	9	2
2	9	7	5	3	4	6	8	1
8	1	6	7	9	2	5	3	4
9	7	4	6	2	8	1	5	3
5	8	2	3	1	7	4	6	9
6	3	1	9	4	5	8	2	7
1	5	8	2	7	3	9	4	6
4	6	3	1	5	9	2	7	8
7	2	9	4	8	6	3	1	5

192

2	7	5	9	3	1	4	6	8
3	8	6	2	4	5	7	9	1
1	9	4	6	7	8	3	2	5
8	4	1	7	6	9	5	3	2
5	3	9	8	2	4	1	7	6
7	6	2	5	1	3	8	4	9
6	5	3	4	8	2	9	1	7
4	2	8	1	9	7	6	5	3
9	1	7	3	5	6	2	8	4

193

6	8	7	2	3	1	9	4	5
2	1	4	9	5	6	7	8	3
9	3	5	7	8	4	2	6	1
7	9	8	3	1	2	6	5	4
1	6	2	5	4	9	3	7	8
4	5	3	6	7	8	1	2	9
8	2	9	4	6	3	5	1	7
3	7	1	8	2	5	4	9	6
5	4	6	1	9	7	8	3	2

194

6	9	3	5	2	8	1	4	7
4	5	2	9	1	7	8	3	6
1	7	8	3	6	4	5	2	9
5	8	4	1	7	6	3	9	2
9	6	7	2	8	3	4	1	5
2	3	1	4	9	5	7	6	8
8	2	5	6	4	1	9	7	3
7	1	6	8	3	9	2	5	4
3	4	9	7	5	2	6	8	1

195

5	8	3	1	6	2	7	9	4
4	9	7	8	5	3	1	2	6
1	2	6	4	9	7	3	5	8
6	1	4	9	7	5	8	3	2
9	5	8	2	3	1	6	4	7
3	7	2	6	8	4	5	1	9
8	3	5	7	4	9	2	6	1
7	4	1	5	2	6	9	8	3
2	6	9	3	1	8	4	7	5

196

5	8	3	9	2	1	6	7	4
2	1	4	6	5	7	3	9	8
6	7	9	8	3	4	5	1	2
1	5	6	4	7	9	2	8	3
4	3	7	2	8	5	9	6	1
9	2	8	3	1	6	7	4	5
3	9	2	1	6	8	4	5	7
8	4	5	7	9	2	1	3	6
7	6	1	5	4	3	8	2	9

Sudoku Solution

197

3	2	4	8	6	7	1	9	5
8	7	9	3	1	5	2	6	4
1	5	6	2	9	4	3	7	8
9	6	8	4	3	1	7	5	2
5	4	7	6	2	8	9	1	3
2	1	3	5	7	9	8	4	6
4	9	2	7	5	3	6	8	1
7	3	5	1	8	6	4	2	9
6	8	1	9	4	2	5	3	7

198

2	7	5	8	4	6	3	1	9
6	9	1	2	3	7	5	4	8
8	4	3	1	9	5	7	2	6
7	5	8	4	6	1	9	3	2
9	6	2	3	7	8	4	5	1
1	3	4	9	5	2	6	8	7
3	8	9	6	1	4	2	7	5
5	1	6	7	2	3	8	9	4
4	2	7	5	8	9	1	6	3

199

1	7	2	5	8	4	6	9	3
4	9	6	1	3	2	8	5	7
5	8	3	6	9	7	1	2	4
9	2	8	7	1	6	4	3	5
7	3	4	8	2	5	9	1	6
6	5	1	3	4	9	7	8	2
8	1	5	4	6	3	2	7	9
2	4	7	9	5	8	3	6	1
3	6	9	2	7	1	5	4	8

200

3	9	1	5	8	6	7	4	2
2	4	6	7	1	9	5	3	8
8	7	5	2	3	4	9	1	6
9	3	4	8	5	2	6	7	1
1	6	7	4	9	3	2	8	5
5	8	2	6	7	1	4	9	3
6	5	9	3	4	8	1	2	7
4	2	3	1	6	7	8	5	9
7	1	8	9	2	5	3	6	4